ADMIRACIÓN DE LAS OBRAS DE DIOS

WONDER AT THE WORKS OF GOD

DE

TERESA DE CARTAGENA

(Edición bilingüe: español moderno e inglés)

Tabla de Contenido

Agradecimientos

Queremos extender nuestro sincero agradecimiento a las personas que nos ayudaron durante este proyecto.

Al departamento de Lengua y Literatura Española de la Universidad de Purdue, y al jefe del departamento, Paul Dixon, por ofrecernos los fondos necesarios para publicar la edición bilingüe.

También agradecemos la ayuda del profesor Robert S. Freeman, bibliotecario de la biblioteca de Humanidades de la Universidad de Purdue (HSSE), por aceptar nuestro manuscrito en la colección de la biblioteca e incluirlo en el catálogo de la Universidad de Purdue.

Introducción

Las páginas siguientes representan la culminación de un proyecto de interpretación y traducción de la clase de Introducción a la prosa hispánica dirigida por la profesora Yonsoo Kim en la Universidad de Purdue, en la ciudad de West Lafayette, Indiana. En la primavera del 2007 comenzamos este trabajo con la intención de facilitar la lectura de la obra medieval *Admiração Operum Dey* de Teresa de Cartagena. Nuestra meta es ayudar e iluminar la lectura a los estudiantes de literatura española que quisieran analizar y comprender más fácilmente los temas, el tono, y la lengua figurativa de esta ejemplar prosa del siglo XV.

Admiración de las obras de Dios (*Admiração Operum Dey*) es una de las dos únicas obras reconocidas de Teresa de Cartagena, considerada la primera escritora castellana y la primera feminista, en términos modernos. Nació posiblemente en 1425, en Burgos, en una poderosa familia conversa. Desde joven fue educada en la vida religiosa. Primero perteneció a la orden franciscana y luego, en 1449 se transfirió a la orden cisterciense y benedictina en Burgos, España. Por alguna razón Cartagena perdió su sentido del oído y pasó veinte años en sufrimiento al ser marginada por su estado físico. Finalmente decidió escribir su experiencia de padecimiento en su primera obra, *Arboleda de los enfermos*. La escritora concentra sus reflexiones en reivindicar como algo positivo su enfermedad respecto a las personas sanas, y describe eruditamente su progresivo encuentro con Dios a través de su sufrimiento, hasta alcanzar la plena conformidad de su situación. Sin embargo, este tratado recibió una reacción desfavorable por los "prudentes varones," como los llamaba Cartagena a sus críticos masculinos. Muchos se asombraron de que una mujer pudiera escribir con erudición, siendo la naturaleza femenina inepta para la escritura—ya que es una actividad propia del sexo masculino. Los críticos no sólo no la detuvieron, sino que la animaron a emprender la redacción de su segundo tratado, *Admiração Operum Dey*, en la cual ella defiende su habilidad a escribir, siendo mujer, conversa y discapacitada. Dedicó su tratado a Juana de Mendoza, esposa del famoso poeta Gómez Manrique para exponer que el hombre y la mujer son iguales por naturaleza humana y que se necesitan mutuamente.

Gracias al esfuerzo y la colaboración de los estudiantes de la clase, Pedro Ajsivinac, Johana Barrero, Melvin Cass II, Peter Dy-Liacco, Jessica Espinoza, Angela Hagerman, Christina Jones, Tanya Montoya, Andrew Preston, Alissa Rosario, Andrés Salinas y Timothy Remec, logramos transcribir el manuscrito al español moderno y traducirlo al inglés. Para nuestro trabajo usamos la edición de Lewis Joseph Hutton, publicado en Madrid por la Real Academia Española, Añejo XVI, 1967. Johana Barrero realizó la versión moderna en español y luego cada estudiante trabajó una sección específica del manuscrito. Se ha cotejado cada palabra y cada frase de la edición de Hutton, nuestra versión de español moderno e inglés para que coincida en las tres versiones la última palabra de cada línea. Se ha tratado, en lo posible, conservar la estructura de las frases y palabras empleadas por la autora para asegurar la esencia de la obra. Además, se ha añadido las notas de pie para glosar ciertas frases o términos incomprensibles y oscuros que podrían obstruir la comprensión de la lectura. Nuestra edición bilingüe permitirá alcanzar una mayor audiencia por la fluidez y claridad ofrecida al lector.

Se hará entrega de una copia de esta edición a la Biblioteca de Humanidades de la Universidad de Purdue, West Lafayette, Indiana y se podrá acceder a través del préstamo bibliotecario.

Admiración de las obras de Dios

Aquí comienza un breve tratado el cual convenientemente se
puede llamar Admiración operum Dey. Lo compuso Teresa de
Cartagena, religiosa de la orden de [...] a petición y ruego de la
Señora Doña Juana de Mendoza, mujer del Señor Gómez Man-
5   rique.

Acuérdome, virtuosa señora, que me ofrecí a escribir a
vuestra discreción. Si tanto he tardado en encomendar la obra,
no vos debéis maravillar, porque mucho es encogida la voluntad cuando
la disposición de la persona no concierta con ella, antes aun la
10   impide y contrasta. Si consideraes, virtuosa señora, las enfer-
medades y corporales pasiones que de continuo he por familiares,
bien conocerá vuestra discreción que mucho son estorbadoras de
los movimientos de la voluntad y no menos turbadoras del entendimiento, el cual fatigado y turbado con aquello que la memo-
15   ria y natural sentimiento de presente le ofrecen, así como constreñido de propia necesidad, recoge en sí mismo la deliberación
de la voluntad con todos interiores movimientos. Y tanto

Wonder at the Works of God

$\mathfrak{H}$ere begins a brief treatise which fittingly can be called Wonder at the Works of God. Teresa de Cartegena, nun of the order of […] composed it at the petition and request of Senora Doña Juana de Mendoza, wife of Señor Gomes Manrique.

5

       I recall, virtuous lady, that I offered to write at
your discretion. If for so long I have delayed in beginning this work,
you should not be surprised, because the will is much diminished when
one's disposition does not coincide with it, moreover it

10 impedes and contrasts it. If you will consider, virtuous lady, the illnesses
and bodily passions that I continue to be familiar with,
your discretion will well understand that there are many obstructions to
the movement of the will and no fewer disturbances of the understanding,
which, fatigued and confused with that which memory

15 and natural feeling presently offer it, in this way constrained
of its own necessity, gathers into itself the deliberation
of the will with all internal movements. And so much

la detiene y retarda[1] en la ejecución de la obra cuando ve que
sus fuerzas intelectuales son enflaquecidas por causa de los
ya dichos exteriores trabajos. Y aun con todo esto ya sería pa-
gada esta deuda que por mi palabra soy deudora si la soledad
5   mía se contentase con solo mis corporales afanes y no me cau-
sase compañía secreta y dañosa llena de interiores combates y espirituales peligros con muchedumbre[2] de vanos y variables pensamientos, los cuales así como un ejército [3] de gente armada cer-
can de cada parte la angustiada ánima mía. Pues, ¿Qué hará el
10 entendimiento débil[4] y mujeril desde que se ve puesto entre tantos
y tan peligrosos lazos? Porque en defenderse de aquello que claramente
es malo tiene bastante[5] trabajo, y en conocer aquello que bajo[6] color de
bueno nuestro adversario le ofrece son tan enflaquecidas sus
fuerzas que si la Virtud soberana no le esfuerza y le alumbra, no
15 es en él virtud ni sanidad alguna. Así que, muy discreta
señora, sienta vuestro discreto sentido la diversidad y calidad
de estos espirituales y ocultos escándalos con otros de no menor
calidad y cantidad que vuestra prudencia puede bien entender, los
cuales con su gran fuerza así como avenidas de muchas
20 aguas corrompieron el muro de mi flaca discreción y llevaron de
raíz todo lo que hallaron que mi entendimiento tenía aparejado
para encomendar a la pluma[7]. Y sola la causa sobre que resolví[8] escribir me representa la memoria; y pues el fundamento quedó
sin hacer, sea el edificio no tal ni tan bueno como a vuestra
25 gran discreción presentar se debía, mas así pequeño y flaco como
de mi pobre facultad se espera. Porque pues el árbol malo, según
sentencia de la soberana Verdad, no puede hacer buenos frutos,
¿qué palabra buena ni obra devota debéis esperar de mujer tan
enferma en la persona y tan vulnerada en el ánima? Más llevaré
30 mis ojos a los montes donde viene a mí el auxilio, porque Aquél
que da esfuerzo a los flacos y entendimientos a los pequeños
quiera abrir el arca de su divinal largueza, dejando derramar
de la fuente de su abundosa gracia sobre esta tierra estéril y
seca, porque la mujer pecadora y apartada de virtud sepa formar
35 palabra en loor y alabanza del Santo de los santos y Señor de las
virtudes. Y por no alejarme mucho del propósito y fundamento
de mi escribir, es la causa está que se sigue.

---

[1] *Ms*: Detardar: (Del lat. detardāre). 1. Tardar o retardar. 2. Detenerse. Se han reemplazado algunas palabras que a nuestro parecer ayudan a la lectura.
[2] *Ms*: Muchedumbre: (Del lat. multitūdo, -īnis). 1. f. Abundancia y multitud de personas o cosas.
[3] *Ms*: Gueste: (Del lat. hostis, enemigo, adversario). 1. Ejército en campaña. 2. Conjunto de los seguidores o partidarios de una persona o de una causa.
[4] *Ms*: Flaco: (Del lat. flaccus). 1. De pocas carnes. 2. Flojo, sin fuerzas, sin vigor para resistir.
[5] *Ms*: Asaz: (Del prov. assatz, mucho, y este del lat. ad satis). 1. Bastante, harto, muy.
[6] *Ms:* So: (Del lat. sub). 1. prep. Bajo, debajo de.
[7] *Ms:* Péñola: Del lat. pennŭla, pluma). 1. f. pluma (de ave para escribir).
[8] *Ms*: Delibrar: (Del lat. deliberāre, resolver, decidir). 1. Acabar, concluir. 2. Romper a hablar.

does understanding detain and delay the will in the execution of the work when it
sees that
its intellectual strengths are emaciated because of
said exterior struggles. And even with all of this, this debt would
5 already be paid, which by my word I am the debtor, if my solitude
were only to contend with my bodily fatigue and not cause
me secret and harmful company full of internal struggles and spiritual
dangers with multitudes of unsettled and vain thoughts,
which is like a host of armed soldiers surrounding
10 each anguished part of my soul. So, what will the
weak and womanly understanding do when it sees itself put between so
many dangerous snares? Because defending oneself from that which clearly
is evil is hard work, and in knowing that which our adversary
offers under the color of good, its forces are so emaciated
15 that if the sovereign Virtue does not strengthen and lighten it,
there is in it neither virtue nor any health at all. So, very discreet
woman, may your discreet sense feel the diversity and quality
of these spiritual and secret scandals with others of not minor
quality and quantity that your prudence can well understand,
20 which with their great strength like swellings[9] of many
waters corrupted the wall of my weak discretion and washed down to the
root everything it found that my understanding had prepared
to entrust to the pen. And my memory only shows me the cause for which I decided[10]
to
25 write my response; and since the foundation remained
undone, perhaps the building is not as good as it should
be to be presented to your grand discretion, but rather it is small and weak as
is expected from my poor faculty. Because since the bad tree, according to the
ruling of the sovereign Truth, cannot make good fruits,
30 what good word or pious work should you expect from a woman so
ill in the body and so damaged in the soul? But I will direct
my eyes to the hills from whence help comes to me because He
who gives vigor to the weak and understanding to the small
wants to open the ark of His divine generosity, allowing it to overflow
35 from the fountain of His abundant grace onto this sterile and
dry ground, so that a woman, sinful and isolated from virtue, may know how to form
words in praise and worship of the Saint of saints and Lord of
virtues. And so that I do not move away much from the intention and foundation
of my writing, the cause of it is as follows.

---

[9] Literally *arrivals*

[10] Deliberāre- 'decide' in Latin, but 'finish' in modern Spanish

Admiración de las obras de Dios

Muchas veces me es hecho entender, virtuosa señora, que algunos de los prudentes varones y así mismo hembras discretas
se maravillan o han maravillado de un tratado que, la gracia divina administrando mi flaco mujeril entendimiento, mi mano es-
5   cribió. Y como sea una obra pequeña, de poca sustancia, estoy ma-
ravillada. Y no se crea que los prudentes varones se inclinasen a
quererse maravillar de tan poca cosa, pero si su maravillar
es cierto, bien parece que mi injuria[11] no es dudosa, porque manifiesto no se hace esta admiración por meritoria de la escritura, mas
10   por defecto de la autora o componedora de ella, como vemos por
experiencia cuando alguna persona de simple y rudo entendimiento dice alguna palabra que nos parezca algún tanto sentida: mara-
villámonos de ellos, no porque su dicho sea digno de admiración
mas porque el mismo ser de aquella persona es así reprobado y
15   bajo y tenido en tal estima que no esperamos de ella cosa que buena sea. Y por esto cuando acaece por la misericordia de Dios que
tales personas simples y rudas dicen o hacen algunas
cosas, aunque no sea del todo buena, y si no comunal, mara-
villámonos mucho por el respecto ya dicho. Y por el mismo res-
20   pecto creo ciertamente que se hayan maravillado los prudentes varones del tratado que yo hice, y no porque en él se contenga cosa
muy buena ni digna de admiración, mas porque mi propio ser y
justo merecimiento con la adversa fortuna y acrecentadas pasiones dan voces contra mí y llaman a todos que se maravillen dicien-
25   do: "¿Cómo en persona en que tantos males asientan puede haber algún bien?" Y de aquí se ha seguido que la obra mujeril y de poca
sustancia que digna es de reprehensión entre los hombres comunes,
y con mucha razón sería hecha digna de admiración en el acatamiento de los singulares y grandes hombres, porque no sin causa se
30   maravilla el prudente cuando ve que el necio sabe hablar. Y
diga quien quisiere que esta ya dicha admiración es loor, que a mi
denuesto me parece y por mi voluntad, antes se me ofrezcan
injuriosos denuestos me parece que no vanos loores, porque ni me
puede dañar la injuria ni aprovechar el vano loor. Así que yo no

---

[11] *Ms*: Denuesto: (De denostar). 1. m. Injuria grave de palabra o por escrito.

Often I have been made to understand, virtuous lady, that some
prudent males and likewise discreet females
marvel or have marveled at a treatise that, divine
grace administering my weak womanly understanding, my hand wrote.

5   And since it is a small work, of little substance, I am amazed.
And one cannot believe that prudent men incline themselves to
want to marvel at such an insignificant thing, but if their marveling
is true, it well seems that my offence is not to be doubted, because this
admiration does not make itself clear because of the merit of the writing, rather

10 for the shortcomings of the author or composer of it, as we see from
experience when someone of simple or crude understanding
says some word that seems to us so meaningful: we marvel
at them, not because their saying is worthy of admiration,
rather because the very being of that person is low and reproved

15 and held in such esteem that we do not expect something good
from them. And because of this, when it happens due to the mercy of God, that
such simple and rough people say or do certain
things, although they may not be completely good, if they are not vulgar, we marvel
much for the already mentioned reasons. And for the same reason

20 I truly believe that the prudent men marveled
at the treatise that I did, and not because it contains something
very good or worthy of admiration, rather because my own being and
just deserts with adverse fortune and increased suffering
speak against me and call everyone to marvel saying:

25 "How can there be such good in a person in whom so many misfortunes
reside?" And from here it follows that a womanly work of little
substance is worthy of reprehension among common men,
and with great reason would it be worthy of admiration in the consideration
of unique and great men, because not without cause

30 does the prudent one marvel when he sees that a fool can speak. And
let whoever may wish say that said admiration is praise, which to me
seems to be an insult; and for my attempt it seems to me that they
offer me slanderous insults and not vain praise, for neither
can insults harm me nor empty praise profit me. So I do not

Admiración de las obras de Dios

quiero usurpar la gloria ajena ni deseo huir del propio denuesto.
Pero hay otra cosa que no debo consentir, pues la verdad no
la sostiene, porque parece ser que no solamente se maravillan los prudentes del tratado ya dicho, mas aún algunos no pueden creer que
5 yo hiciese tanto bien ser verdad: que en mí menos es de lo que
se presume, pero en la misericordia de Dios mayores bienes se
hallan. Y porque me dicen, virtuosa señora, que el ya dicho vo-
lúmen de papeles borrados haya venido a la noticia del señor Gómez Manrique y vuestra, no sé si la duda, a vueltas del trata-
10 do se presentó a vuestra discreción. Y como quien quiere que la buena
obra que ante aquel sujeto de la soberana Verdad es verdadera y
cierta, no empecé mucho sin el acatamiento y juicio de los hombres humanos es tenida por dudosa, como ésta, puede estragar y
estraga la sustancia de la escritura, y aún parece evacuar muy
15 mucho el beneficio y gracia que Dios me hizo. Por ende a honor y
gloria de este soberano y liberal Señor de cuya misericordia es llena
la tierra, y yo, que soy un pequeño pedazo de tierra, atrévome
a presentar a vuestra gran discreción esto que a la mía pequeña
y flaca por ahora se ofrece.

20   Verdad es, muy discreta y amada señora, que todas las cosas que la omnipotencia de Dios ha hecho y hace en el mundo
son de grande admiración a nuestro humano sentido[12], así que la menor cosa que este soberano y potentísimo Hacedor ha hecho y
hace, no es de menor admiración que la mayor. Esto es porque
25 la más chica cosa que el mundo es, tampoco se pudiera hallar
como la mayor si la omnipotencia de Dios no la hiciera. Pues
si todas las cosas, así chicas como grandes, criadas y hechas
por la omnipotencia de Dios son maravillosas y de grande admiración y todo lo que a Él plugo y place, ha hecho y hace
30 y puede hacer en el cielo y en la tierra, ¿Qué es la causa
porque nos maravillamos más de unas cosas que de otras? Y a
esta simple cuestión me parece que soy respondida y aun sa-
tisfecha por el glorioso doctor San Agustín en la omelía sobre

[12] *Ms*: Seso: Del lat. sensus, sentido). 1. m. cerebro (centro nervioso del encéfalo).

wish to usurp the glory of others nor wish to flee the insults toward me.
But there is another thing that I should not allow, since the truth does not
support it: It seems to be that not only do the prudent
marvel at said treatise, but some of them cannot even believe that
5 I could do such good as a matter of course; that in me there is less than what
they presume, but in the mercy of God greater blessings
are to be found. And because they tell me, virtuous lady, that said volume
of forgotten works has come to the attention of Senor Gomez
Manrique and yourself, I do not know if the doubts surrounding the
10 treatise arose in your discretion. And although good
works in the sight of the sovereign Truth are true and
right, I had scarcely begun when the observance and judgment of human men took it as doubtful, and this can spoil and
does spoil the substance of my writing, and it even seems to diminish
15 greatly the benefit and grace that God gave me. Therefore, to the honor and
glory of this sovereign and liberal Lord, whose mercy fills
the earth, I, as I am a small piece of earth, dare
to present to your great discretion this which presents itself for now
to my small and weak discretion.

20   It is true, very discrete and beloved lady, that all the things
that the omnipotence of God has made and makes in the world
are greatly admirable to our human intelligence, so that the least
thing that this sovereign and powerful Creator has made and
makes, is not of less admiration than the greatest. This is because
25 the thing that is the smallest in the world, just like the greatest,
could not be found if the omnipotence of God had not made it. Then
if all things, the small and the great, created and made
by the omnipotence of God, are marvelous and greatly admirable
and all that pleased and pleases Him, and He has made and makes
30 and can make in the heavens and on earth, what causes
us to wonder more at some things and than at others? And to
this simple question it seems to me that I find a response and satisfaction
in the glorious doctor Saint Augustine in the homily about

Admiración de las obras de Dios

el Evangelio que recuenta el milagro que nuestro Redentor hizo
de los cinco panes. Y dice así: "Mayor milagro es la gobernación que no la saturación de cinco mil con cinco panes." Y
de aquello ninguno se maravilla porque no menos milagro es de po-
5   cos granos nacer muchas espigas que de pocos panes saturar
o hartar muchos hombres. Y añade más a este santo y doctor en
la sentencia siguiente diciendo: "Aquello es mirado no porque mayor sea, mas porque pocas veces o raramente acaes-
ca." Y peréceme que quiere concluir que la causa de nues-
10 tro maravillar no es porque las obras hechas por la omnipotencia de Dios sean de menos admiración las unas que las otras, mas
porque éstas que cotidianamente vemos, avémoslas así como por
natural curso. Y las que nunca o raramente acaecen, causan
en nosotros admiración porque no son acostumbradas ni usadas en el
15 mundo. Pero si queremos elevar el entendimiento a contemplar
o bien considerar las obras de Dios, hallaremos que no son menos maravillosas ni de menor admiración dignas éstas que por
natural curso vemos que cotidianamente pasan que las que raramente y por gran distancia de tiempo acaecen. Así que, tor-
20 nando al propósito, creo yo, muy virtuosa señora, que la causa
porque los varones se maravillan que mujer haya hecho tratado
es por no ser acostumbrado en el estado femíneo, mas solamente
en el varonil. Porque los varones hacen libros y aprenden ciencias y
usan de ellas, teniéndolo en uso de antiguo tiempo que parece ser
25 tenido por natural curso y por esto ninguno se maravilla. Y las
hembras que no lo han tenido en uso, ni aprenden ciencias, ni
tienen el entendimiento tan perfecto como los varones, es tenido por
maravilla. Pero no es mayor maravilla ni la omnipotencia de
Dios menos fácil y ligera de hacer lo uno que lo otro, porque el que
30 pudo y puede introducir[13] las ciencias en el entendimiento de los hombres, puede si quiere enxerirlas[14] en el entendimiento de las
mujeres aunque sea imperfecto o no tan hábil ni suficiente para
recibirlas ni retener como el entendimiento de los varones. Porque esta in-
perfección y pequeña suficiencia puédela muy bien reparar
35 la grandeza divina y aun quitarla del todo y dar perfección

---

[13] *Ms:* Enserir: (Del lat. inserĕre). 1. tr. Introducir en un escrito una palabra, una nota, un texto, etc. 2.
tr. desus. Meter algo en otra cosa.
[14] Palabra ilegible en el *Ms.*

the Gospel that recounts the miracle that our Redeemer did
with the five loaves of bread. And he says: "The greater miracle is the governing
and not the saturation of five thousand with five loaves." And
at that no one wonders because it is no less a miracle that from a little
5   seed sprout many shoots than that from a few loaves of bread many
men are saturated or satisfied. And more adds this saint and doctor in
the following sentence, saying: "That is not admired because
it is greater, but rather because it happens few times or rarely."
And it seems to me that he wishes to conclude that the cause of our
10   wonder is not because some of the works made by the omnipotence
of God are of less admiration than the others, but
because those which we see daily, we accept as by
natural course. And those that never or rarely occur, cause
in us admiration because they are not customary nor usual in this
15   world. But if we want to elevate the understanding to contemplate
or consider well the works of God, we will judge that no less
marvelous nor less worthy of admiration are these which by
natural course we see happen daily than those that rarely
and at great intervals of time occur. So that, returning
20   to the point, I believe, very virtuous lady, that the reason
why men are amazed that a woman has written a treatise
is because it is not customary in the feminine state, rather solely
in the masculine. Because men write books and learn the sciences and
apply them, and as they have thus used them since antique times, it seems to be
25   taken for a natural course and for this reason no one wonders at it. And since
women have not applied them, nor do they learn the sciences, nor
do have an understanding as perfect as men, it is considered a
wonder. But it is not a greater marvel, nor is it for the omnipotence of
God any less easy or slight to do the one than the other, because He who
30   could and can infuse the sciences into the understanding of men,
can, if He wants, infuse them into the understanding of
women, although it may be imperfect or not as able or sufficient to
receiving or retain them like the understanding of men. Because
divine grandeur can very well repair this imperfection and
35   small sufficiency and even remove it completely and give perfection

Admiración de las obras de Dios

y habilidad en el entendimiento femíneo así como en el varonil, porque
la suficiencia que tienen los varones no la tienen de suyo, que Dios se la
dió y da. Donde el Apóstol dice: "No somos idóneos o suficientes
de reflexionar[15] alguna cosa de nosotros así como de nosotros mismos;

5 mas nuestra suficiencia, de Dios es." Pues si la suficiencia
de los varones de Dios es y Dios la da a cada uno según la me-
dida del don suyo, ¿Por qué razón desconfiaremos las hembras
de tener en el tiempo oportuno y conveniente como y cuando Él
sabe que es menester? Y debéis considerar mi gran señora

10 que Dios hizo la naturaleza humana no lo siendo. Pues que Él
que hizo tan grande cosa de ninguna. ¿Cómo no puede hacer en lo
hecho alguna cosa? Este potentísimo Hacedor hizo el sexo veril[16] primeramente, y segunda y por adjutorio de aquél hizo al
femíneo. Y si dio algunas preeminencias al varón más que a la hem-

15 bra, creo en verdad que no lo hizo por razón que fuese obligado
ha hacer más gracia a un estado que al otro, pero hízolo por aquel
mismo y secreto fin que Él solo sabe. Donde San Jerónimo en el
sermón de la Asunción de nuestra Señora, dice: "Tal es y tan
grande es e inmenso y bueno este Señor cuando y el cual Él mismo

20 se conoce o Él mismo se sabe," etc. Como si abiertamente diga
que tal es y tanta la omnipotencia y magnificencia y alteza de este
soberano Señor y tanta es la profundidad de sus divinos y maravillosos secretos, y tantos y tales y tan provechosos son los fines
y respetos de sus santas obras, cuantas y cuales Él solo los co-

25 noce. Él solo lo sabe. Pero dejando aparte estos ocultos y
divinos secretos, los cuales sobran y exceden mucho a el entendimiento humano, quiero preguntar cuál es la mayor y más principal preeminencia que Dios dió al varón más que a la hembra,
y mi simpleza me responde que entre otras algunas preeminen-

30 cias de que Dios quiso dotar al sexo varonil más que al femíneo
es ésta una y a mi ver principal: porque el hombre es fuerte y valiente
y de grande ánimo y osado y de más perfecto y sano entendimiento, y la mujer, por el contrario , porque es flaca y pusilánime, de pequeño corazón y temerosa. Porque vemos con mayor osadía y esfuerzo

35 esperará el varón un bravo toro que no la mujer esperaría un
ratón que le pasase por las faldas. Y así mismo las mujeres si
vemos una espada desnuda, aunque sabemos que con ella no nos

---

[15] *Ms*: Cogitar: (Del lat. cogitāre). 1. tr. ant. Reflexionar o meditar.
[16]*Ms*: Beril: 1. adj. Perteneciente o relativo al varón.

and ability to feminine understanding as well as to the masculine, because
the sufficiency that men have is not their own, but God gave and gives it
to them. Where the Apostle says, "We are not capable or sufficient
to think on anything of ourselves, as something on ourselves;
5   but our sufficiency is from God." So if the sufficiency
of the men is from God and God gives it to each one according to the
measurement of his own gift, for what reason will we distrust the women
for having it in the opportune and convenient time as and when He
deems it necessary? And you should consider, my great lady,
10 that God made human nature, though He was not human. If He
made such a great thing of nothing, how can He not do something in
that which is made? This powerful Creator made the masculine gender
first, and second and as helper of that, He made the
feminine. And if He gave a few more pre-eminences to the man than to the woman,
15 I truly believe that he did not do it by reason of being obligated
to show more grace to one state than to the other, but He did it by that
same and secret purpose that He only knows. Where Saint Jerome says in the
sermon of the Assumption of Our Lady, "Such is and so
great and immense and good is this Lord that only He understands
20 Himself or only He knows Himself", etc.. As if saying openly
that such is the omnipotence and magnificence and highness of this sovereign Lord
and such is the depth of His divine and marvelous
secrets and so much and so many and so beneficial are the
aims and reasons of His holy works; how many and what they are only He
25 understands,
only He knows this. But leaving aside these hidden and
divine secrets, which greatly surpass and exceed human understanding,
I want to ask which is the greatest and most principle
pre-eminence that God gave to the man more than to the woman,
30 and my simplicity responds that among other pre-eminences
that God wanted to provide to the masculine gender more than to the feminine
is this one and in my view the principal one: that the man is strong and valiant
and of great spirit and daring and of more perfect and healthy understanding,
and the woman, on the contrary, is thin and cowardly, of small
35 heart and timid. For we see that with more boldness and strength
a man will await a fierce bull than a woman would await a
mouse that might pass her by her skirts. And in the same way, if we women
see a naked sword, even though we know that by it no harm

hará daño alguno, pero naturalmente somos así temerosas que
solamente de verla tenemos gran miedo. Y los varones no tienen temor de usar de ella y aun de recibir en sus personas los crueles y
fuertes golpes del fierro. E hizo Dios estas diferencias y contra-
5 riedades en una misma natura, y conviene saber, humana, por aquel
sólo fin y maravilloso secreto que Él mismo sabe. Yo, con mi simpleza, atrévome a decir que lo hizo el celestial Padre porque fuese conservación y adjutorio lo uno de lo ál. Porque todo lo que el Señor
crió e hizo sobre la faz de la tierra, todo lo proveyó y guarnes-
10 ció de maravillosas provisiones y muy firmes guarniciones. Y
si queréis bien mirar las plantas y árboles, veréis como las cortezas de fuera son muy recias y fuertes y sufridoras de las tempestades que los tiempos hacen, aguas y hielos y calores y fríos. Están así introducidas[17] y hechas por tal son que no parecen sino
15 un gastón firme y recio para conservar y ayudar el meollo que está
encercado de dentro. Y así por tal orden y manera anda lo uno
a lo ál, que la fortaleza y rezidumbre de las cortezas guardan y
conservan el meollo, sufriendo exteriormente las tempestades ya
dichas. El meollo así como es flaco y delicado, estando incluso,
20 obra interiormente, da virtud y vigor a las cortezas y así lo uno
con lo ál se conserva y ayuda y nos da cada año la diversidad o
variedad de las frutas que ves. Y por este mismo respeto
creo yo que el soberano y poderoso Señor quiso y quiere en la natura humana obrar estas dos contrariedades, conviene a saber:
25 el estado varonil, fuerte y valiente, y el femíneo, flaco y delicado.
Porque los varones con su fuerza y ánimo y suficiencia de entendimiento conservan y guardan las cosas de fuera, y así en procurar y
tratar y saber ganar los bienes de fortuna, como el regir y go-
bernar a defender sus patrias y tierras de los enemigos, y to-
30 das las otras cosas que a la conservación y provecho de la república
se requiere, y por consiguiente a sus particulares haciendas y
personas; para lo cual, mucho conviene y es menester que sean
robustos y valientes, de grande ánimo y aún de grandes y de muy
elevados entendimientos. Y las hembras, así como flacas y pulsilá-
35 nimes y no sufridoras de los grandes trabajos y peligros que la
procuración y gobernación y defensa de las sobredichas cosas
se requieren, solamente estando inclusas o encercadas dentro en

---

[17] *Ms*: Enserir: (Del lat. inserĕre). 1. tr. Introducir en un escrito una palabra, una nota, un texto, etc. 2. tr. desus. Meter algo en otra cosa.

will be done to us at all, but naturally we are so fearful
that upon only seeing it we have great fear. And men do not fear
to use it or even to receive on their bodies the cruel
and strong hits of the iron. And it should be known that God made
5   these differences and oppositions in a single human nature, for that
single end and marvelous secret that He alone knows. I, with my simplicity,
would dare to say that the celestial Father did this so that
one would conserve and be a help to the other. Because the Father
created and made all that covers the face of the Earth, He furnished and provided
10 all with marvelous furnishings and very solid provisions. And
if you look well at the plants and trees, you will see how the bark
is very sturdy and strong and sufferer of the storms
that the weather makes, and of water and ice and heat and cold. They
are grafted in this way and made as they are that they do not seem but
15 a firm and enduring staff to conserve and support the pith that is
encased inside. And thusly, in such order and manner, goes one to the other,
so that the fortification and endurance of the bark guards and
conserves the pith, outwardly suffering the storms already
mentioned. The pith, as it is weak and delicate, being inside,
20 works inwardly, giving power and vigor to the bark, and so each
conserves and supports the other and gives us each year the diversity or
abundance of the fruits that you see. And in this same respect
I think that the supreme and powerful Lord wanted and wants to work these two
oppositions in human nature, that is to say:
25 the masculine state, strong and valiant, and the feminine, weak and delicate.
Because men, with their strength and spirit and sufficiency of understanding,
conserve and guard the outside things, and thus procuring and
dealing and knowing how to win the goods of fortune, like ordering and governing
and defending their homelands and properties from their enemies, and all
30 the other things that the conservation and benefit of the republic
requires, and therefore of individual properties and
people; for which, it is very fitting and necessary that they be
robust and valiant, of great spirit and even of great and very
elevated understandings. And women, as they are weak and pusillanimous
35 and not sufferers of the great labors and dangers that the
procurement, governance, and defense of things already mentioned
require, being only housed or enclosed inside

su casa, con su industria y obras domésticas y delica-
das dan fuerza y vigor, y sin duda no pequeño subsidio a los
varones. Y así se conserva y sostiene la natura humana, la cual
es hecha de tan flaco almacén que sin estos ejercicios y trabajos
5 no podría vivir. Así que estas preeminencias ya dichas de los varones, ser valientes y de gran ánimo y suficiente entendimiento, ni
otra alguna que Dios les haya dado, no es en perjuicio de las
hembras, ni la flaqueza y pusilanimidad del estado femíneo le
otorga por eso, mayor excelencia al varón. Mas estas contrariedades
10 son una maravillosa disposición que la muy alta sabiduría de
Dios ordenó. Donde dice el Profeta: "Todas las cosas en tu
sabiduría hiciste." Y así que si quiso Dios de hacer el sexo veril o varonil robusto o valiente y el femíneo flaco y de pequeño vigor, no es de creer que lo hizo por dar más ventaja o
15 excelencia a un estado que al otro, mas solamente yo creo que por
el respecto ya dicho, conviene a saber: porque ayudando lo uno
a lo otro[18], fuese conservada la natura humana y advirtiesen las
maravillosas obras de su omnipotencia y sabiduría y bondad.
        De ser la hembra ayudadora del varón, leémoslo en el Géne-
20 sis, que después que Dios hubo formado del hombre del lodo[19] de
la tierra y hubo inspirado en él espíritu de vida, dijo: "No
es bueno que sea el hombre solo; hagámosle adjuntorio semejante a él. Y bien se podría aquí argüir cuál es de mayor
vigor, el ayudado o el ayudador: ya ves lo que a esto responde
25 la razón. Mas porque estos argumentos y cuestiones hacen a la
arrogancia mundana y vana y no aprovechan cosa a la devoción
y huyen mucho del propósito y final intención mía, La cual no
es, ni plega a Dios que sea, de ofender al estado superior y honorable de los prudentes varones, ni tampoco favorecer al femíneo,
30 mas solamente loar la omnipotencia y sabiduría y magnificencia
de Dios, y que así en las hembras como en los varones puede
inspirar y hacer obras de grande admiración y magnificencia a
loor y gloria del santo Nombre; aun si quisiere que los ani-
males brutos le loen con lengua hablante, bien lo puede hacer.
35 Pues, ¿Qué deuda tan escusada es dudar que la mujer entienda
algún bien y sepa hacer tratados de alguna otra obra loable y

---

[18] *Ms*: Ál: otra cosa, ant. (Del lat. arcaico y vulgar ALID, clásico ALIUD).
[19]*Ms*: Limo: (Del lat. limus). 1. m. Lodo, cieno.

their home, with their industry and delicated domestic labors,
they give strength and vigor, and without doubt no small assistance to the
men. And thus, human nature, which is made of such weak stock, is conserved and
sustained, and without these exercises and works
5 could not live. As such, these abovementioned pre-eminences of men,
being valiant and of great spirit and sufficient understanding, and
anything else that God may have given them, this is not to the detriment of
women, nor does, for this reason, the weakness and pusillanimity of the feminine state
10 award greater excellence to men. Moreover, these oppositions
are the marvelous state that the very high wisdom of
God ordered. Where the Prophet says: "All the things in your
wisdom, you made." And so if it pleased God to make the virile or
manly state robust or valiant, and the feminine weak and of slight
15 vigor, it should not be thought that He did it to give more advantage or
excellence to one state than the other, but only, I believe, for
the reason already mentioned, that is to say: with one helping
the other, human nature would be conserved, and they would tell of the
marvelous works of His omnipotence, wisdom, and goodness.
20   Concerning woman being the helper of man, we have read in Genesis,
that after God had formed man from the mud of
the earth and had breathed into him the spirit of life, He said: "It is not
good that man be alone; We will make him a companion similar
to him." And it may be argued here which is of greater
25 vigor, the supported or the supporter: you already see how reason responds
to this. But because these arguments and matters make for
worldly and vain arrogance and do not profit devotion
and flee from my purpose and final intention, which is not,
nor would it please God if it were, to offend the superior and honorable
30 state of prudent men, nor favor that which is feminine,
but only to praise the omnipotence, wisdom, and magnificence
of God, and that in women as well as in men, God can
inspire and make works of great admiration and magnificence for
the praise and glory of His holy Name; even if He should want that the wild
35 animals praise Him with spoken tongues, He can do it easily.
So, what an uncommon offense[20] is to doubt that a woman may understand
some good and know to write treatises of some other praiseworthy and good

---

[20] Deuda- debt; sin, crime

Admiración de las obras de Dios

buena, aunque no sea acostumbrado en el estado femíneo? Porque aquel
poderoso Señor soberano que dió preeminencias al varón para
que las haya naturalmente y continua, bien las puede dar a la hembra graciosamente y en tiempos debidos, así como su profun-
5 da sabiduría sabe que conviene y a lo hecho algunas veces, y
aunque no lo haya hecho lo puede hacer. Y ciertamente creo,
muy amada señora, que no hay cosa más dificultosa ni grave
de hacer a la criatura humana que contradecir su natural condición o hacer alguna cosa que sea contra su propia naturaleza y
10 vigor, porque aquél que naturalmente es flaco y temeroso vencer al
valiente, el que es simple y necio enseñar al prudente, ya ves
si es cosa dificultosa y así como imposible a las fuerzas humanas. Pues habido por natural y cierta cosa que la mujer es flaca y
temerosa y de pequeño corazón, quien la viese ahora usar de la
15 espada o defender su patria de los enemigos o hacer otra obra de
gran osadía y vigor, ¡cómo nos maravillaríamos de aquella
cosa! Pero esta maravilla hízola en algún tiempo puédela hacer
en este nuestro y cuando le pluguiere Aquél que sólo es el que
hizo y hace las maravillas.
20   Decidme, virtuosa señora, ¿Cuál varón de tan fuerte y valiente persona ni tan esforzado de corazón se pudiera hallar en
el tiempo pasado, ni creo que en este que nuestro llamamos, que
osará llevar armas contra tan grande y fuerte príncipe como fue
Olifernes, cuyo ejército cubría toda la faz y término de la
25 tierra, y no tuvo pavor de hacerlo una mujer? Y bien sé que
a esto dirán los varones que fue por especial gracia e industria que Dios quiso dar a la prudente Judith. Y así yo lo digo,
pero según esto, bien parece que la industria y gracia soberana exceden a las fuerzas naturales y varoniles, pues aquello que
30 gran ejército de hombres armados no pudieron hacer, e hízolo
la industria y gracia de una sola mujer. Y la industria y gracia,
¿Quién las tiene por pequeñas preeminencias sino quien no sabe qué
cosas son? Ciertamente son dos cosas así singulares que a quien
Dios darlas quiere, ahora sea varón o sea hembra, maravillosas
35 cosas entenderá y obrará con ellas si quisiere ejercitarse y no las
encomendar a ociosidad y negligencia. Pues si Dios negó al estado
femíneo gracia e industria para hacer cosas dificultosas que

maravilla porque no es típico

work, even though it may not be common to the feminine state? Because that
powerful sovereign Lord who gave pre-eminences to man so that
they might have them naturally and continually, can give them to women
as well, graciously and in due course, as His profound
5 wisdom knows what is appropriate, and He has done this at times, and
even if He had not done it, He could do it. And I certainly believe,
very beloved lady, that there is nothing more difficult or dangerous
for the human creature to do than contradict its natural condition
or to do something that may be against its own nature and
10 vigor; because for that which is naturally weak and fearful to defeat the
valiant or that which is simple and stupid to teach the prudent, you see
that these indeed are difficult and thus nearly impossible for the strengths of humans.
Then, as it is taken as natural and as a certain thing that woman is weak and
fearful and of small heart, were one to see her now using the
15 sword or defending her homeland from the enemies or doing other work of
great daring and energy, how we marvel at such a
thing! But He did do this marvel at one time and He can do it
in our time as well, and whenever it may please Him, who alone is He who
made and makes the marvels.
20   Tell me, virtuous lady, what man of such strong and valiant
personality and of such a strong heart could be found in
past times, or, for that matter, in these which we call our own, who
would dare to carry arms against such a great and strong prince as
Holofernes, whose army covered all the face and ends of the
25 earth, yet a woman had no fear of doing this? And I know well that
to this the men will say that this was by the special grace and industry
that God decided to give the prudent Judith. And I say the same,
but in this, it clearly appears that the sovereign industry and grace
exceed the natural and manly forces, for that which
30 a great army of armed men could not do,
the industry and grace of just one woman could. And as for industry and grace,
who takes them for small pre-eminences but he who does not know what
they are? Certainly they are two things so singular that whomever
God wants to give them to, be it now a man or be it a woman, will understand
35 and work marvelous things by them should they wish to exert themselves and not
entrust them to lethargy and negligence. Well, if God denied the feminine
state grace and industry to do difficult things that

sobran a la fuerza de su natural condición, ¿Cómo los negará la
gracia suya para que con ella y mediante ella sepan y puedan
hacer alguna otra cosa que sea más fácil o ligera de hacer al
sexo femíneo? Que manifiesto es que más a mano viene a la
5 hembra ser elocuente que no ser fuerte, y más honesto la es ser
entendida que no osada, y más ligera cosa le será usar de la péñola que de la espada. Así que deben notar los prudentes varones
que Aquél que dió industria y gracia a Judith para hacer un tan
maravilloso y famoso acto, bien puede dar industria o enten-
10 dimiento y gracia a otra cualquier hembra para hacer lo que a
otras mujeres, o por ventura algunos del estado varonil no sa-
brían. Y bien podrá decir quien quisiere que no es el caso
igual, por cuanto esta prudente Judith era virtuosa y santa
mujer y gran veladora de la ley de Dios, que por sus méritos
15 buenos Dios le hizo este tan singular beneficio; que no se entiende por eso, que las otras hembras han de recibir aquella singula-
ridad de industria y gracia. A lo cual respondo que verdad es:
Judith era mujer santa y muy solícita en guardar la ley de Dios
y grande amiga de oraciones y de ayunos y de todo ejercicio san-
20 to; pero sabemos que Dios no hace beneficios ni gracias a los
hombres por respecto de los méritos de cada uno, mas solamente a
respecto de sí mismo y de su inestimable bondad; que en verdad, si por sola santidad y justicia y méritos buenos de las criaturas humanas dispensase el celestial Padre y repartiéseles sus
25 beneficios, piénsome que todos los bienes que tenemos en la tierra
se subirían al cielo. Ni es de creer que Dios tenga la manera
y costumbre que tienen los reyes y príncipes de la tierra, porque a los
que privan con ellos y los sirven a sus voluntades, hacen gracias
y mercedes. Y a los que no los sirven a sus voluntades tanto, ni
30 son agradables a sus voluntades, no les hacen bien ninguno. No
así el Rey de los reyes y Señor de los señores, porque así los peca do-
res como a los justos, así a los malos como a los buenos, así a
los que le ofenden como a los que bien le sirven, a todos hace
mercedes y gracias, lo cual Él hace a solo respecto de su gran
35 bondad y misericordia. Donde el Apóstol dice: "No es allegamien-
to de personas acerca de Dios." Porque estas privancias y espe-
cialidades de afecciones no pertenecen a Dios que es Padre de

exceed the strength of their natural condition, how could he deny
his grace to the feminine sex so that with it and by means of it
they might know and do some other thing that is easier or
lighter to do? It is clear that it is more within the reach of a
5   woman to be eloquent than to be strong, and it is more becoming to be
skillful than daring, and a much lighter thing will it be for her to use the
pen than the sword. Thus the prudent gentlemen
should note that He who gave industry and grace to Judith to do such
a marvelous and famous act, He could very well give industry or
10 understanding and grace to any other woman to do that which
other women, or perchance some of the male condition, might not know how
to do. And it may well be said that it is not the same
case, since the prudent Judith was a virtuous and holy
woman and great observer of the law of God, that because of her good
15 merits God gave to her this very remarkable benefit; one should not
infer by this, that other women must receive such singular
skill and grace. To which I respond that it is true:
Judith was a holy woman and very diligent in keeping the law of God
and great friend of prayers and of fasting and of every holy
20 exercise; but we know that God does not give benefits or grace to
men with respect to the merits of each one, but only with
respect to Himself and to His inestimable kindness; that in truth,
if the celestial Father dispensed and distributed his benefits only
because of holiness and justice and the good merits of human
25 creatures, I think that all the goods that we have on earth would rise to
the sky. Neither is it to be believed that God has the way
and custom that kings and princes have on earth, because to those
who are pleasing to them and who serve their will, they give grace
and mercy. And to those who do not serve their will enough, who
30 are not pleasing to their will, they do not give them any benefits. The
King of kings and Lord of lords is not so, because sinners
as well as the just, the good as well as the evil, those
who offend him as well as those who serve him well, to all He
gives mercies and graces, which He does only with respect to his great
35 kindness and mercy. Where the Apostle says: "There is no respect
of persons about God." Because this favoritism and special
affection does not pertain to God who is Father of

toda criatura, y bien así como es Padre de todos, y bien así es
liberal y misericordioso a todos. Y aun así me parece que lo
canta la Iglesia en el Introyto[21] primero de Cuaresma donde dice:
"Mercedeador de todos, o merced hayas de todos, Dios, y ninguna
5   cosa aborreciste de aquello que en el mundo hiciste." Y así
que, gran Amador de la criatura humana es Dios, y por malos y
pecadores que seamos no nos aborrece ni nos niega los beneficios de su divinal largueza y gran misericordia. Así que verdad
sea que aquella buena dueña y honesta viuda Judith era mujer san-
10   ta, pero los beneficios y gracias y maravillas que Dios hace proce-
den de tan alta fuente, que ninguno por santo que fuese los podría
merecer, si la bondad de Dios no le hiciese digno. Y no embar-
gante que más y mucho más digno y mejor disposición tienen en sí
los justos y buenos para recibir estos bienes de gracia que no
15   los pecadores, pero en cuanto más malo y mayor pecador indigno
es alguno de recibir estos bienes, y tanto más profunda y grande
y maravillosa se nos muestra la bondad y misericordia y magnificencia de Dios. Y por ventura dirá alguno que aunque es verdad
que Dios siempre hizo y hace grandes bienes y mercedes, sí
20   a los pecadores como a los justos, pero aquellas gracias singulares y de gran fama acaecen raramente, y así nunca las vemos
en el estado femíneo. Y así es por cierto, pero cuanto más de
tarde en tarde hace Dios estas cosas tanto más maravillosas son,
y cuanto más maravillosas son, tanto mayor admiración causas
25   a nuestro entendimiento. Tanta mayor admiración nos causan
y tanto más enteramente nos dan a conocer y a venerar y
a loar la magnificencia y omnipotencia y sabiduría y bondad de Dios.
Así que, muy venturosa señora, no me parece que hay otra causa
de este maravillar que los prudentes varones se maravillan, salvo
30   aquella que en el comienzo de este breve tratado es dicha, conviene
a saber: no ser usado en el estado femíneo este acto de componer
libros y tratados, porque todas las cosas nuevas o no acostumbradas
siempre causan admiración. Pero deben notar los que se maravillan que hay una admiración o manera de maravillar en la
35   cual es loado y venerado el Hacedor o Inspirador de aquella
obra de que nos maravillamos, y que hay otra admiración en la

---

[21] *Ms*: Introito: (Del lat. introĭtus). 1. m. Entrada o principio de un escrito o de una oración. 2. m. Lo
primero que decía el sacerdote en el altar al dar principio a la misa.

every creature, and just as he is Father of everything, he is
generous and merciful to all. And it even seems to me that
this is what the church sings in the first Introit of Lent, where they say:
"All-Merciful, have mercy on all, God, and nothing

5 did you abhor of that which you made in the world." And so,
God is the great Lover of the human creature, and though evil and
sinners we may be, he does not abhor us nor deny us the benefits
of his divine generosity and great mercy. So it is true
that this good lady and honest widow, Judith, was a holy

10 woman, but the benefits and graces and wonders that God gives proceed
from such a high source, that no one, as holy as they might be, could
deserve them if the kindness of God did not make them worthy. And although
more and much more worthy and of a better condition are
the just and the good for receiving these blessings of grace than

15 sinners, the more evil and the greater the sinner
he who receives these blessings is, so much more profound and grand
and marvelous is shown to us the kindness and mercy and magnificence
of God. And perchance someone will say that although it is true
that God has always given great blessings and mercy,

20 to sinners as well as to the just, those unique and notable
blessings happen rarely, and so we never see
them in the feminine state. And this is true, but the more
infrequently God does these things, the more marvelous they are,
and the more marvelous they are, the greater wonder they cause

25 in our understanding. And the more wonder they cause in us,
the more entirely they teach us to know and to venerate and
to praise the magnificence and omnipotence and wisdom of God.
Thus, very fortunate lady, it seems to me that there is no other cause
for the amazement of prudent men, save

30 that which was said in the beginning of this brief treatise, which is
to say: the act of composing books and treatises is not customary in
the female condition, because all new or unaccustomed
things always cause wonder. But those who are amazed should note
that there is an admiration or a way of wondering which

35 praises and venerates the Maker or Inspiration of the
work that amazes us, and that there is another admiration that

Admiración de las obras de Dios

cual no es loado ni servido el soberano Hacedor, antes es
en injuria y ofensa suya. Por ende conviene que bien mire-
mos de qué y cómo y por qué nos maravillamos, porque nuestro
maravillar sea en honor y gloria de Aquél cuyo nombre es admi-
5 rable y muy maravilloso en toda la tierra. Y la admiración en la
cual es loado y venerado y aun creo que es servido el soberano Señor es cuando la admiración que tenemos cerca de sus
santas obras y maravillosas inspiraciones es mezclado con devoción y fe, creyendo que su omnipotencia y sabiduría todo lo
10 puede y sabe hacer. Y así como su omnipotencia y sabiduría y
todo lo puede y lo sabe hacer, y así por su sola soberana bondad
lo ha hecho y hace, y quiso y quiere que sea todo a nuestra uti-
lidad y provecho. Y si de estas ya dichas excelencias divinales,
omnipotencias, sabiduría y bondad, tantos bienes descienden a los
15 desterrados hijos de Eva en este valle de lágrimas, que copiosos
beneficios y gracias singulares recibimos de su gran misericordia y perfecta caridad, ciertamente ningún entendimiento humano
lo podría entender, ni lengua hablar, ni mano escribir. Pues si
devotamente y con sano ánimo nos queremos maravillar de las
20 maravillosas obras de Dios, primeramente debemos elevar nuestra
admiración a las excelencias ya dichas del muy excelentísimo y
excelísimo Padre, y dende, bajar nuestro entendimiento a nuestro
maravillar de los bienes y mercedes, misericordias y gracias que
ha hecho y hace a las criaturas humanas. Y maravillarnos hemos
25 primeramente de los bienes generales, conviene a saber: bienes
de naturaleza y fortuna, que son muy grandes y maravillosos. Y sin
duda hallaremos en ellos bastante[22] largo término en que nuestra
admiración se pueda extender: y después de esto más y mucho
más nos maravillaremos de los singulares o especiales bienes,
30 los cuales se llaman bienes de gracia. La gracia, ¿Cuya es sino
de Dios? Y aunque todas las cosas que Dios hizo en el mundo,
suyas son, pero no hay cosa en el mundo que así singular y se-
ñaladamente se llame de Dios, sino sóla ésta, conviene a saber: gracia. Que aunque sabemos que todos los bienes de natura y
35 de fortuna y todo cuanto es en el cielo y debajo del cielo, Dios
lo hizo y crió y rige y gobierna por su alta y maravillosa providen-

---

[22] *Ms:* Asaz: (Del prov. assatz, mucho, y este del lat. ad satis). 1. adv. c. Bastante, harto, muy. 2. adj.
Bastante, mucho.

does not praise or serve our sovereign Maker, but rather
is an insult and offence to Him. Therefore it is best that we look well
at what and how and why we are amazed, so that our
wonder be in honor and glory of Him whose name is admirable
5 and most marvelous in all the land. And the wonder is
which our sovereign Lord is praised and venerated and even, I believe, is served,
is when the wonder that we have concerning His
holy works and marvelous inspiration is mixed with devotion
and faith, believing that his omnipotence and wisdom is
10 able and knows how to do all. And just as his omnipotence and wisdom
is able and knows how to do all, in His unique supreme goodness
He has done and does everything to our profit
and advantage. And if from these divine
excellencies already mentioned--omnipotence, wisdom and kindness--so many
15 blessings
descend on the exiled children of Eve in this valley of tears, how
abundant are the blessings and unique graces we receive from His great mercy
and perfect charity, certainly no human understanding
could understand it, nor tongue speak of it, nor hand
20 write about it. Then if devoutly and with a healthy spirit we wish to wonder
at the marvelous works of God, first we should raise our
wonder to the said excellences of the most excellent and
most exalted Father, and then lower our understanding
to marvel at the blessings and mercies, benefits and graces that
25 He has done and does for human creatures. And first we should marvel
at our general blessings, which is to say: blessings
of nature and fortune, which are very great and marvelous. And without
doubt we will find in them great space in which
our admiration can spread: and after this we will
30 marvel even more at the unique or special blessings,
which are called blessings of grace. And grace, whose is it if not
God's? And although all the things that God made in the world
are His, there is nothing in the world that can so singularly and
markedly to be called of God, as this alone, namely:
35 grace. For although we know that all the blessings of nature and
of fortune and everything in heaven and beneath heaven, God
made and created and rules and governs through His high and marvelous providence

cia, y Él solo es principal y natural Señor de todo ello, pero aquellos ya dichos bienes de natura y fortuna no los llamamos así especialmente de Dios como la gracia, porque siempre les hallamos due-
ños en la tierra cuyos los llamamos. Porque la valentía y ánimo, her-
5 mosura y buen entendimiento que alguno tiene no lo llamamos de
Dios, sino de aquella persona misma, pero que lo tiene y de la
naturaleza que le proveyó y compuso de tales bienes; ni la riqueza
y hacienda, villas y rentas que los hombres poseen en este mundo y
tampoco lo llamamos de Dios, sino de la misma persona que lo
10 posee. Y siempre tenemos en costumbre decir que la fortuna
se lo dio, aunque no es bien hablar ni muy propio en verdad; pero
solamente la gracia llamamos de Dios, porque ésta es una cosa propia
suya reservada y guardada en su santo seno para que otro alguno no la pueda dar ni dispensar en los bienes de ella sino sólo Dios.
15 Aun vemos que el Santo Padre, así como está en lugar de Dios
y por vicario[23] suyo, bien así parece tener aquella manera, porque
a los perlados[24] de la iglesia da poder para que puedan dar y
proveer de beneficios y gracias a todo el estado clerical, y así mismo al reglar, pero siempre reserva en sí algunos casos y dignidades
20 como especiales y singulares para que otro alguno no pueda dispensar en ellos, sino solamente Su Santidad. Y así hizo y hace el
Santo de los santos, el Padre de los padres, porque los bienes naturales
dió y dan poder y vigor a la natura que nos los puede dar. Y
los bienes temporales, después que una vez los hizo, luego los juz-
25 gó al señorío del hombre. Donde dice el profeta: "Todas las cosas
juzgaste bajo los pies del hombre, etc." Y dio y da industria y arte
al hombre para que lo sepa ganar y haber entonces esta bandera que llama
fortuna, que mejor buena ventura se puede decir. Pero los bienes
de gracia, así como mayores y más singulares, se reservó en sí, porque
30 éstos ni los habemos por vigor de natura ni por buena dicha de la
ventura, ni por otro algún arte ni industria humana los podríamos tener; sino solamente por la bondad y misericordia y
gracia de Dios; así que, en verdad, ellos tienen propio nombre y
apellido de bienes de gracia. Y paréceme que queremos decir
35 bienes influidos o inspirados por especial gracia de Dios, o
bienes de Dios que Dios da graciosamente a quien le place, porque en
éstos no conviene examinar[25] ni tener respecto al estado de
la persona, que sea varón o hembra; ni a la disposición y habilidad

[23] *Ms:* Vicario: (Del lat. vicarĭus). 2. m. y f. Persona que en las órdenes regulares tiene las veces y autoridad de alguno de los superiores mayores, en caso de ausencia, falta o indisposición.
[24] *Ms:* Perlados: (Del lat. praelātus, preferido, elegido). 1. m. desus. Clérigo que tiene alguna de las dignidades superiores de la Iglesia.
[25] *Ms:* escudriñar: 1. tr. Examinar, inquirir y averiguar cuidadosamente algo y sus circunstancias.

and He alone is the principal and natural Lord of all, but of
said blessings of fortune and of nature, we do not say they're especially
from God as we do of grace, because we always find them masters
in this world those we talk about having such graces. Because the valiance and
5   courage,
beauty and fine intelligence that some have is not said to be of
God, rather of the person himself, though he has it by
nature, which gave it to him and composed such goods; neither the wealth
and estates, villas and incomes that men possess in this world
10 do we call of God, but rather of the same person who
possesses it. And we have always a custom of saying that fortune
gave it to them, even though it is not well-said or very fitting in truth; but
only the grace we call being of God, for this thing is His own,
reserved and watched over in His holy breast so that no other
15 can give nor dispense its blessings but God alone.
We even see that the Holy Father, being thus in the place of God
and as His vicar, well seems to have this same manner, for
unto the prelates[26] of the church he gives power so they may give and
provide benefits and graces to all the clerical estate, and in the very same
20 way unto the orders, but always reserves in himself some cases and dignities,
as special and singular so that no other may be able to dispense
them, except His Holiness alone. And thus did and does the
Holy of holies, the Father of fathers, for He gave natural goods
and gives power and vigor which nature cannot give us. And
25 the temporal goods, after having made them once, He then subjugated them
to the dominion of man. Where the Prophet says: "You have subjugated
all things beneath the feet of man, etc." And He gave and gives ingenuity and art
to man so that he may know how to gain and possess this flag called
fortune, which can better be called good luck. But the blessings
30 of grace, being greater and more exceptional, He reserved for himself, for
these we have neither by force of nature nor by kind strokes of
fate, nor by some other human art or industry could we
have them; rather only by the kindness and mercy and
grace of God; so, in truth, they have a fitting title and
35 name as blessings of grace. And its seems to me that we want to say
blessings influenced or inspired by the special grace of God, or
blessings of God that God graciously gives to whom He pleases, because in
these it is not fitting to scrutinize nor have concerns for the state of
the person, be they man or woman; nor towards the disposition or capability

---

[26] Prelate: a senior clergyman and dignitary

del entendimiento, que sea muy capaz o del todo insuficiente; ni
al mérito de las obras, que sea justo o muy grande pecador. Porque
todo esto o más de esto sobra y excede la gracia divina e hinche
muy abundosamente los lugares vacíos de nuestras defectuosidades.
5   Y dice el Apóstol: "Donde abundó el delito, por ende sobreabundó
gracia." Pues si donde abunda pecado, que es defecto del ánima, ha sobreabundado y puede sobreabundar la gracia, ¿Por qué
no sobreabundará donde abundan las otras defectuosidades y pasiones corporales, como éstas no sean pecado? Y ciertamente se
10   puede decir que donde abundan nuestros defectos, por ende so-
breabunda la gracia, porque si bien lo queremos acatar hallaremos que
aquello que la natura y fortuna niegan o reparten escasamente, la
abundosa gracia del Señor liberalmente lo repone y repara; que así
parece manifiesto que estos ya dichos bienes de gracia sean ma-
15   yores y más singulares que no los de natura y fortuna. Esto es
por tres razones: la primera porque sobrepujan la fuerza de la natura humana, porque en ella o contra ella ha hecho y puede hacer la
gracia divina maravillosas cosas; la segunda porque son más exe-
lentes y más durables bienes y de mayor provecho y reposo al áni-
20   ma que no los de fortuna; la tercerea razón, porque descienden de
más alta fuente, conviene a saber: de la gracia de Dios. Y por
estas razones y por otras mejores y más suficientes, las cuales mi
angosta capacidad y mujeril entendimiento no puede comprender ni sentir, creo ciertamente que los bienes de gracia son mayo-
25   res y más singulares que no los de natura y fortuna. Y el varón
o hembra que de aquellos bienes o de alguno de ellos se siente
proveído ¡en cuánta estima o precio los debe tener! ¡Y cómo
debe ser solícito y diligente en guardar y dirigir al servicio
y honor de Aquél de quien estos dichos ya bienes emanan! No
30   solamente quien lo recibe y tiene, mas aun nosotros cuando viéremos relucir en alguna persona algunos de aquellos bienes de
gracia, debemos maravillarnos devotamente, dirigiendo y en-
derezando nuestra admiración, no a respecto de la persona que los
tiene, que sea varón o hembra, entendido o simple, mas solamente
35   a respeto del misericordioso Padre que los da. Y si a la alteza
y unidad inestimable de aquel soberano Señor dirigimos o

of their understanding, be it very capable or in everything insufficient; nor
to the merit of their works, be they a just person or a very great sinner. For
divine grace exceeds and surpasses all this or more and fills
quite abundantly the vacant places of our deficiencies.

5 And so says the Apostle: "Where sin abounded, that is why there was an
overabundance of grace." Then if where sin abounds, which is a defect of the
soul, grace has over-abounded and can over-abound, why
would it not over-abound where other deficiencies and corporal
passions abound since these are not sins? And it certainly

10 can be said that where our defects abound, that is why
grace over-abounds, for if we want observe it well, we will find that
that which nature and fortune deny or distribute scarcely, the
abundance of grace of the Lord liberally replaces and repairs; thus
it seems obvious that said blessings of grace are

15 greater and more singular than those of nature and fortune. This is
for three reasons: first, because they exceed the force of
human nature, for in human nature or against it, divine grace has made and can make
wondrous things; second, because there are more
excellent and more durable goods and of greater advantage and repose to

20 the soul than those of fortune; the third reason, because they descend from
the highest source, that is: from the grace of God. And for
these reasons and for other better and more sufficient reasons, those which my
narrow capacity and womanly understanding can neither understand
nor perceive, I believe certainly that the goods of grace are greater

25 and more singular than those of nature and fortune. And the man
or woman who feels provided with these goods or of some of them
in what esteem and value should they hold them! And how
solicitous and diligent they should be in keeping and directing them to the service
and honor of Him from whom these said blessings flow! Not

30 only he who receives and has it, but even we
when we see shining in some person some of these blessings of
grace, we should devotedly be amazed, directing and
straightening out our wonder, not with respect to the person that has
the blessings, be they man or woman, learned or simple, rather only

35 with respect to the merciful Father who gives them. And if to the sublimity
and inestimable oneness of that sovereign Lord we direct or

elevamos nuestra admiración, no nos maravillaremos dudando
aquello que vemos, mas aun maravillarnos hemos, creyendo que no
solamente los bienes que vemos, mas aun lo que no vemos ni podemos pensar, Dios pudo y puede inspirar y obrar en sus criatu-

5 ras. Y así subirá la admiración y contemplación nuestra a considerar la omnipotencia y sabiduría y bondad de Dios y todas las otras
excelencias suyas y entonces nuestro maravillar irá por un derecho camino, porque, veneraremos y honraremos las cosas hechas y al soberano Hacedor, y en las obras que viéremos que las criaturas

10 hacen al Inspirador y Dador de todos los bienes. Y aun creo
por cierto que esta es la verdad que el Profeta nos enseña en el
salmo donde dice: "Señor, Señor nuestro, ¡cuán maravilloso es
tu nombre en toda la tierra!" Porque de allí[27] a poco intervalo de
palabras en las cuales loa la magnificencia de Dios (que se entiende

15 las excelencias divinales y los bienes que ha hecho y hace al hombre,
conviene a saber: bienes de natura, y como le hizo superior de todas las cosas que son la tierra, que se puede entender por los
bienes de fortuna, y como le visita continuamente con especiales consolaciones y dones, éstos son los bienes de gracia); y así

20 que en conclusión de todo esto torna otra vez a repetir su admiración diciendo: "O Señor, Señor nuestro, ¡cuán admirable y
maravilloso es tu nombre en toda la tierra!" En lo cual parece
que claramente nos da a entender que todas las cosas que Dios
hace en el mundo, todas son hechas a honor y gloria y manificen-

25 cia del su santo nombre, y así parece razón que en todos los
bienes, así de natura y fortuna como en los bienes de gracia, y
así los nuestros propios y particulares bienes como en los
que viéremos que Dios hace al próximo, en todos debemos elevar
nuestra admiración y devoción a la soberana Fuente de donde todos

30 los bienes descienden. Y así seguirá que cuando viéremos que Dios
ha hecho o hace de nada alguna cosa, alabaremos su omnipotencia;
y cuando viéremos que de pequeñas cosas ha hecho y hace Dios
grandes cosas, alabaremos su magnificencia; y cuando viéremos
que a los simples y rudos entendimientos hace Dios sabedores y

35 guardadores de la ley, alabaremos a su eterna sabiduría; y cuando
viéremos que a los malos da Dios entender y obrar algunos

---

[27] *Ms:* Dende: (Del lat. deinde, después). 1. adv. t. desus. De allí; de él o de ella; desde allí.

elevate our wonder, we do not wonder, doubting
that which we see, but rather we must marvel, believing that not
only the blessings which we see, but even those which we don't see nor can
conceive, God could and can inspire and work in His creatures.
5   And thus our wonder and contemplation will rise to consider
the omnipotence and wisdom and kindness of God and all His other
excellences of His and then our marveling will go on the straight path,
for we will venerate and honor the deeds done and the sovereign
Maker, and in the works that we might see creatures
10 do unto the Inspirer and Giver of all blessings. And I even believe
with certainty that this is the truth that the Prophet teaches us in the
psalm where he says: "Lord! Our God, how amazing is
your name in all the earth!" For in that but little interval
of words in which he praises the magnificence of God (which is understood as
15 divine excellences and the good which He has done and does unto man,
that is to say: blessings of nature; and how He made him superior to all
the things that are in the earth, which can be understood as
blessings of fortune; and how He continually visits him with special
consolations and gifts, these being the blessings of grace); and so
20 in conclusion of all this he turns again to repeat his
wonder saying: "O Lord, our Lord, how admirable and
marvelous is your name in all the earth!" In which it seems
that it clearly makes us understand that all the things God
does in the world, all are done to the honor and glory and magnificence
25 of His holy name, and thus it seems reasonable that in all
blessings, of nature and fortune as well as the blessings of grace, and
our own particular blessings as well as those
we might see God do for next, in all we should raise
our wonder and devotion to the sovereign Source from where all
30 blessings descend. And thus it may follow that when we see that God
has made or makes from nothing something, we will praise His omnipotence;
and when we see that from small things God has made and makes
great things, we will praise His magnificence; and when we see
that of simple and crude understandings God makes knowers and
35 keepers of the law, we will praise his eternal wisdom; and when
we see that God lets the evil understand and do some good

Admiración de las obras de Dios

bienes, alabaremos su inestimable bondad; y cuando viéremos
que los buenos y justos reciben de Dios premios y galardones
loaremos su justicia; y cuando viéremos que a los pecadores
hacer Dios gracias y mercedes, alabaremos su gran mise-
5 ricordia; y si viéremos que las hembras hacen tratados, y loaremos los dones de su santa gracia y divina largueza. Y así
en todas las cosas que Dios ha hecho y hace y administra hacer a
las criaturas humanas, y así en aquellas que por natural curso
vemos que cotidianamente se hacen, como en las que raramente
10 y por gran distancia de tiempo acaecen, debemos enderezar nuestra admiración a gloria y honor del nombre de Dios. Y aquella ya
dicha admiración es veneración y reverencia y sacrificio de alabanza que el entendimiento humano ofrece a la Alteza divina.
Donde el profeta en persona del Señor de los profetas dice: "El
15 sacrificio de alabanzas me honrarás, etc."
      Hay otra admiración o manera de maravillar con la cual
no es alabado ni servido el Señor que hace las maravillas, antes es
en ofensa suya; y esto es cuando tanto y tanto y tan extremada-
mente nos maravillamos de alguna gracia o beneficio que Dios
20 hace a nuestros próximos, que parece que no lo creemos, y
aquel dudoso maravillar procede de tener mas respeto a las
cosas que tenemos que a la Fuente donde desciende: porque nos acata-
mos a la facultad o estado de la persona humana, que no a la
grandeza de la potencia divina. Desde nuestro entendimiento se
25 envuelve del todo en este ya dicho respeto. Se hace tan pesado y
ponderoso y grosero, que tarde o nunca o con gran dificultad lo
podría el hombre traer a conocimiento de la delgadez y sutileza de
los bienes influidos por la gracia divina. Así que con esta pesa-
da carga de humanos respetos se maravillaron o se han maravillado al-
30 gunas personas, y aún lo tienen por dudoso y como imposible, que
mujer haga tratados ni entienda como hacer alguna obra sentida
que no sea buena. Y si los varones hacen libros y compen-
diosos tratados no se maravillan, porque es atributo a su mismo seso
y suficiencia de entendimiento de aquél que los hace, y a las gran-
35 des y naturales ciencias que saben; y nada refieren a gloria de
Dios, ni creo que se acuerden dónde vinieron las naturales

① maravillar, loar y alabar
② maravillar, no lo creer
   —when men write it is
   normal

works, we will praise his inestimable goodness; and when we see
that the good and just receive from God honors and rewards,
we will praise his justice; and when we see God show grace and mercy
to sinners, we will praise His great compassion;
5   and if we should see that women write treatises, we shall
praise the gifts of His holy grace and divine generosity. And so
in everything that God has done and does and allows that
humans do, and those things which by natural course
we see done everyday, as well as those which rarely
10 or at great intervals occur, we should direct our
admiration to the glory and honor of the name of God. And that
said admiration is veneration and reverence and sacrifice of praise
which human understanding offers up to the divine Highness.
Where the Prophet in the person of the Lord of the prophets says:
15 'You will honor me with the sacrifice of praise.'
           There is another wonder or manner of marveling, by which
the Lord who creates marvels is not praised or served, rather it is
an offense to him; and this is when so greatly and extremely
are we amazed by some grace or blessing which God
20 gives to our neighbors, that it seems that we don't believe it, and
that doubtful marveling comes from having more regard to the
things which we have than for the Source from where it descends; because we regard
the power or state of the human person, and not the greatness of
divine power. From here our understanding gets itself
25 all involved with this said regard, making itself so heavy and
ponderous and coarse, that late or never or with great difficulty
will a man be able to bring to consciousness the fineness and subtlety of
the goods influenced by divine grace. So with this heavy
load of human considerations some people marvel or have marveled,
30 or take it even as doubtful or impossible, that
a woman could treatises or understand how to make any profound work
that may be good. And if men write books and compendious
treatises, people are not amazed, because it is attributed to their own sense
and sufficiency of understanding of what they do, or to the grand
35 and natural sciences they know; and no one refers to the glory of
God, nor do I believe that they remember from whence come the natural

ciencias que los varones aprenden en los estudios, y los que las
saben, donde las vivieron o quien se las enseñó. Porque si bien lo con-
siderasen, fallarían que los que ahora son maestros, en otro tiempo fueron discípulos, y aquellos cuyos discípulos fueron, otro maes-
5   tro los mostró. Y así enseñando los unos a los otros y aprendien-
do, son venidas las ciencias a las manos de aquellos que ahora las
tienen y saben, pero si bien hacen la indagación[28], hallaremos que
así la sabiduría como la industria y gracia para mostrarla y
aprender, todo descendió y desciende de una fuente, porque el
10   Señor de las ciencias, Dios solo es. Y aun así me parece que
lo he leído en una historia que tenemos, próxima o cercana de las
calendas[29] de agosto, en el libro que se llama *De sabiduría,* donde
dice: "Toda la sabiduría es del Señor Dios, etc." Y dice adelante: "Él mismo la crió por espíritu." Porque la divide y aparta
15   y divide y derrama sobre todas las obras suyas y sobre toda
carne, según el don suyo, y da a los amadores de sí o a los
que le aman, etc. Y pues ya perece que si alguno se diese a este
tan saludable y santo estudio, conviene a saber, amar a Dios, y plan-
tase en su ánima la raíz de sabiduría, que el temor del Señor, no
20   le sería negada la gracia suya; ni desdeña el misericordioso Padre
de asentar en la silla del entendimiento de los simples y de los que
leen maravillosas lecciones. Así que cualquier hombre o mujer
que en este ya dicho estudio se quiera ejercitar, más sabio será
que Salomón. Y no solamente a los que le aman y temen,
25   mas aun de los que continuamente le ofendemos, sin hacerle ningún
servicio ni ser dignos de recibir beneficio de tan santísimo y altí-
simo Padre, no deja de instruirnos y enseñarnos maravillosos
consejos y santas inspiraciones, y con tanto, que si mi propia ma-
licia y debilidad humana no lo derrama, se puede decir que mejores
30   serían las obras que Éste mi soberano Maestro me mostraría a
hacer que no las palabras que me enseño a escribir. Pues ¿Qué
admiración tan indevota es maravillarse el hombre tanto de alguna
cosa por ser buena, que tenga por imposible o dudoso que Dios solo
la haya inspirado y enseñado a aquella persona que lo hizo? Y sin
35   duda, mayor ofensa que reverencia hacemos a Dios cuando creemos que un hombre humano puede enseñar a otro cualquier ciencia,

---

[28] *Ms:* Pesquisa: 1. f. Información o indagación que se hace de algo para averiguar la realidad de ello
o sus circunstancias.
[29] *Ms:* Calenda: (Del lat. kalendae, -ārum, primer día de mes). 1. f. Lección del martirologio romano,
con los nombres y hechos de los santos, y las fiestas pertenecientes a cada día.

sciences that men learn in their studies, and those who know the sciences,
where they experience them and who taught them these. Because if they consider
it well, they will rightly see that those who are now teachers, at another time
were disciples, and those whose disciples they were, other teachers
5 taught them. And thus, by some teaching and others learning,
the sciences have come into the hands of those who now
have and know them, but if one investigates well, we will see that
wisdom as well as the skill and grace for teaching and
learning, all descended and does descend from one source, for God alone is the
10 Lord of the sciences. Furthermore it seems to me that
I have read in a story that we have, next to or close to the
saints' days of August, in the book which they call *On Wisdom*, where
it says: "All wisdom is from the Lord God, etc." And further on
says: "He Himself created it by his spirit." Because He divides and separates
15 and numbers[30] and pours it over all His works and over all
flesh, according to their gift, and gives to the lovers of Him or those
who love Him, etc. And already it seems that if one were to give themselves to this
most healthy and holy study, that is, loving God, and were to plant
in their soul the root of wisdom, which is the fear of the Lord, His
20 grace will not be denied them; nor does the compassionate Father disdain
to sit in the seat of the understanding of the simple nor of those who
read marvelous lessons. So any man or woman
who may wish to train in the said study, will be wiser
than Solomon. And not only to those who love and fear Him,
25 but even those of us who continually offend him, without rendering unto him
any service or being worthy of receiving benefits from the most holy and most
high Father, he does not cease instructing us and teaching us marvelous
advice and holy inspiration, and with so much, if my own malice
and human weakness do not waste them, it can be said that better
30 will be the works that He my sovereign Teacher would teach me to
do than the words that He taught me to write. Well, what
an extremely impious admiration it is for a man to marvel so much at some
thing for being good, that they consider impossible or are doubtful that God alone
inspired and taught it to the person that does it! And without
35 doubt, greater offense than reverence we do to God when we believe
that a human man can teach to an other whatever science,

---

[30] *Dinumera?* – perhaps related to *enumerar, numerar*

y dudamos que el Señor de las ciencias no lo puede enseñar a quien
quisiese. Y por ventura alguno querrá aquí deducir[31] diciendo que
todos creen esto: que Dios es así omnipotente, que sin curso de estudios ni habiendo aprendido letras puede hacer de un simple hombre el

5 mayor letrado que en el mundo haya; pero que, así como por su omnipotencia todo lo puede hacer, así por su eterna sabiduría y maravillosa providencia proveyó y provee todas las cosas dando orden
y manera y tiempo a cada una de ellas. Y así hizo y hace a las
naturales ciencias, porque le plugo y place dar la orden y manera que

10 vemos para aprenderlas y enseñarlas, etc. A lo cual respondo, que
es buena razón la ya dicha, no yo digo que alguno por amar y
servir a Dios ha de ser hecho repentinamente[32] Maestro en Teología ni
Doctor en Leyes ni Bachiller en Cánones, ni tampoco ha de esperar
de ser instruido en las artes liberales; pero lo que digo y quiero

15 decir es esto: que la ciencia y la sabiduría que Dios enseña y enseñará
a cualquier varón o hembra que con amor y reverencia y humildad
viniere a su escuela, es tal y de tal calidad, como su incomprensible
y perfecto saber que a la salud de cada uno le conviene,
porque Dios es perfecta Caridad. Y así como por su perfecta cari-

20 dad nos ama verdaderamente, así por su gran misericordia y
bondad nos enseña e influye en nuestros entendimientos y ánimos
aquella sola sabiduría que para conocer y amar y cobrar los verdaderos
bienes tenemos necesidad. Porque estas otras naturales ciencias
buenas son, pues Dios las cría y las puso en el entendimiento

25 de los hombres. Pero sabemos que muchos de los que estas ciencias
supieron se perdieron y muchos otros que no las sabían se
salvaron. Pues solamente aquella es verdadera ciencia que nos enseña
y endereza y atrae a conocer y amar y desear el verdadero
Bien, y aquella sabiduría no la niega Dios a quien la desea y

30 busca con entrañable cuidado. Y si quisieras saber cuál es la escuela
donde se aprende a alabar esta verdadera ciencia, digo que es la
continua memoria[33] de los beneficios de Dios. ¡O quién fuese tan
diligente y como debía en cursar y seguir bien la escuela ya dicha,
conviene a saber, reducir a la memoria y revolver continuamente

35 en su entendimiento los bienes que de Dios ha recibido! Ciertamente
el mismo se juzgara tan obligado y sujeto en amar y servir

---

[31] *Ms*: Argüir: (Del lat. argüĕre). 1. tr. Sacar en claro, deducir como consecuencia natural. 2. tr.
Descubrir, probar, dejar ver con claridad las cosas que son indicio y como prueba de otras.
[32] *Ms*: Súpito, ta.: (Del lat. subĭtus). 1. adj. repentino.
[33] *Ms*: Membranza: (De membrar). 1. f. p. us. memoria (recuerdo).

while doubting that the Lord of the sciences can teach it to whom He would
wish. And perchance one will want to argue saying that all believe this:
that God is so omnipotent, that without course of studies
nor having learned writing he can make of a simple man the most
5 learned there may be in the world; but that, just as by his omnipotence
he can do everything, so by his eternal wisdom and marvelous
providence he provided and provides all things giving order
and manner and time to everyone of them, and that He thus made and makes the
natural sciences, because it pleased and pleases Him to give the order and manner
10 which we see for learning and teaching them, etc.. To which I respond, that
it is good reasoning what is said here, not to say that one by loving and
serving God has to be suddenly made a Master of Theology or
a Doctor of Law or a Bachelor of Canon, nor has to expect
to be imbued with the liberal arts; but what I am saying and want
15 to say is this: that the science and wisdom that God teaches and will teach
to whatever man or woman who with love and reverence and humility
would come to His school, is of such quality as His incomprehensible
and perfect knowledge knows to be suitable for the state of each one,
because God is perfect Charity. And so as by his perfect charity
20 He loves us truly, so by His great compassion and
goodness He teaches us and imprints on our understanding and souls
that single wisdom for knowing and loving and gaining the true
goods, which we lack. Because these other natural sciences
are good, since God made them and placed them into the understanding
25 of men. But we know that many of those who discovered these arts
were lost and many others who didn't know them were
saved. Well, only that which teaches us
and sets us right and leads us to know and love and desire the true
Good is true science, and that wisdom God will not deny to one who desires it and
30 searches for it with intimate care. And if you want to know which is the school
where one learns and praises this true science, I say that it is the
continual remembrance of the blessings of God. Oh, to be so
diligent to attend and follow well this school, as one should,
that is, commit to memory and continually turn over
35 in one's mind the blessings that they have received from God! Certainly
they would judge themselves so obligated and subject to love and serve

Admiración de las obras de Dios

a Dios, que por el menor bien que en este mundo recibe no se
le haría nada gastar[34] mil años en su servicio. Y si los bienes que en este mundo tenemos nos deben inclinar a amar y
servir a este soberano Señor, ved qué deben hacer los bienes el ga-
5 lardón que esperamos, y cuánto más y más por el mismo Señor, que
sumo y perfecto Bien y Fuente abundante de todos los bienes. Pues
haga cada uno dentro de su ánima y pensamiento celda secreta
donde pueda contemplar los beneficios de Dios, y como por
ellos se sintiere a obligado a amarle, luego se sentirá inclinado
10 a desearle, servirle y alabarle y de contar a las gentes la
magnitud o grandeza de sus beneficios y abundantes[35] mercedes.
Y como esta buena sabiduría es muy saludable y provechosa no la
negará Dios a cualquier persona que necesite tenerla. Y pues el
tratado que yo hice, ya saben los prudentes varones que le han
15 visto que no se trata de filosofía ni de teología, ni de otra ninguna
ciencia natural, sino solamente de esta ya dicha devota y saludable
sabiduría, la cual es saber conocer y reducir a la memoria los
beneficios de Dios y saber conocer y escudriñar y buscar en estos
mis males públicos las escondidas misericordias del Señor. Donde
20 dice el profeta: "Cuán grande es la multitud o muchedumbre
de tu duceza, la cual escondiste a lo que a ti te temen." Y parece
que da a entender en estas palabras que si con temor y reverencia
y amor no recibimos las disciplinas y trabajos que Dios
en este mundo nos envía y da, no podríamos conocer ni menos
25 degustar la dulceza de la misericordia de Dios ni sentir la suavidad
de los bienes espirituales, los cuales están metidos y como escondidos
en los trabajos que padecemos. Y si yo no era digna ni lo
soy de conocer tanto bien, y son dignos los beneficios de Dios de
ser conocidos y contados y alabados de toda criatura, y aquello
30 que a mi entendimiento mujeril se hacía oscuro y dificultoso,
pudo hacer claro y ligero Aquél que es verdadera Luz y Sol de
justicia. Y por cierto, propio nombre es el ser llamado Sol de
justicia, porque allí infunde y reparte los rayos de su claridad
donde sabe y conoce, donde mas lo necesita. ¿Y dónde es más necesaria
35 la luz que allí donde abundan las tinieblas? ¿Y dónde es
más necesaria la sabiduría que allí donde está la peligrosa ignorancia?

---

[34] *Ms*: Expender: (Del lat. expendĕre, pesar, pagar). 1. tr. Gastar, hacer expensas. 2. tr. Vender efectos
de propiedad ajena por encargo de su dueño.
[35] *Ms*: Copiosidad: (Del lat. copiosĭtas, -ātis). 1. f. Abundancia de algo.

God, that for the least blessing that they receive in this word it would
be nothing to spend a thousand years in His service. And if those goods
that we have in this world should incline us to love and
serve this sovereign Lord, you see what the goods should do and the prize

5   that we hope for, and how much more and more for the Lord himself, who
is supreme and perfect Good and abundant Source of all goods. Then
let each one make inside of their soul and thoughts a secret cell
where they may contemplate the benefits of God, and as by these
one would feel oneself obligated to love Him, then one will feel oneself inclined

10   to desire and serve Him and tell to the people the
magnitude or greatness of his blessings and copious mercies.
And as this good wisdom is very healthful and advantageous, God will not
deny it to any person who may need to have it. And so the
treatise that I wrote, the prudent men already know that what they have

15   seen is not a tract on philosophy nor on theology nor on any other
natural science, rather only on this said pious and healthy
wisdom, which is to know, recognize and commit to memory the
benefits of God and recognize and scrutinize and search in these
my public faults for the hidden mercies of the Lord. Where

20   the Prophet says: "How great is the multitude or throng
of Your sweetness, which you hid in those who fear you." And it seems
that it is given to understand by these words that if with fear and reverence
and love we do no not receive the disciplines and works that God
sends and gives us in this world, we will not be able to know, much less

25   enjoy the sweetness of the compassion of God nor perceive the gentleness
of the spiritual goods, which are place inside and as hidden
in the trials that we endure. And if I were not worthy nor am
I of knowing it so well, and worthy are the blessings of God of
being known and declared and praised by all creation, and that

30   which made itself obscure and difficult to my womanly understanding,
He who is the true Light and Sun of justice was able to make it
clear. And for certain, it is fitting that his name is called Sun of
justice, because he instills and spreads the rays of His clarity
where He knows and recognizes that it is most necessary. And where is light more

35   necessary than where darkness abounds? And where is
wisdom more necessary than where there is dangerous ignorance?

Admiración de las obras de Dios

¿Y dónde se necesita más la gracia que allí donde es multitud
de pecados? ¿Dónde es más necesario la consolación que allí donde
es grande la aflicción de espíritu y persona? Y del pobre y pequeño ¿Quién será ayudador? Y entiendo por pobre y
5   pequeño la pobreza de virtudes y la pequeñez y rudeza de
entendimiento, que aunque a ellos, pobres de bienes temporales
pueden ayudar los ricos, y a los que son de pequeños y bajos es-
tados pueden favorecer los grandes, pero al que es pobre y
desnudo de virtudes y méritos buenos. ¿Quién le puede socorrer ni
10   poner en tal escasez de[36] remedio? Ni al que es simple y necio,
¿Quién le pude hacer prudente o entendido? Ningún hombre
humano, por virtuoso que sea, puede hacer a otro virtuoso, ni
algún letrado puede enseñar ni hacer sabio aquél que es de pequeño
y rudo entendimiento. Pues ya ves que esto a la omnipo-
15   tencia de Dios pertenece hacer, y aquello que su omnipotencia
conviene hacer, eso mismo pertenece saber a su eterna sabiduría, porque él solo sabe quién es el pobre de virtudes y él solo conoce la rudeza y pequeña e insuficiencia de los entendimientos.
A aquella sola sabiduría pertenece saber, eso mismo
20   pertenece reparar con inestimable bondad y caridad y misericordia.
Porque así como el rico no es obligado de dar limosna al
pobre si su propia caridad y voluntad proximal no le obligan[37],
menos es Dios obligado a hacer lo que su omnipotencia puede y su
eterna sabiduría sabe de lo que tenemos necesidad, y si su bondad y
25   perfecta caridad y misericordia paternal no interviniesen; porque estas
tres excelencias divinales, bondad, caridad, y misericordia, son grandes
intercesoras y medianeras para que podamos conseguir y
tener los bienes y remedios y consolaciones que la sola omnipotencia
de Dios nos puede dar y sólo su sabiduría sabe que la
30   calidad y cantidad de nuestros trabajos requieren. Y aun creo en
verdad que no desacuerda de aquello la justicia, ni nos vuelve
su cara siniestra: que aunque Dios cuando nos flagela y da tormento[38]
es conmovido de justicia y la propia vara con que los pecadores
somos heridos, justicia es, pero desde que somos convertidos
35   y por la gracia de Dios hechos de pecadores, penitentes, ¿Quién
duda que la justicia no sea nuestra abogada? Sí, es, por cierto.

---

[36]*Ms*: Mengua: 1 f. Falta que padece algo para estar cabal y perfecto.**2.**f. Pobreza, necesidad y escasez
de algo.

[37] *Ms*: Constreñir: (Del lat. constringĕre). 1. tr. Obligar, precisar, compeler por fuerza a alguien a que
haga y ejecute algo.

[38]*Ms*: Tribulación: (Del lat. tribulatĭo, -ōnis). 1. f. Congoja, pena, tormento o aflicción moral.

And where is grace needed more than where there is a multitude
of sins? Where is consolation more necessary than where there
is great affliction of spirit and body? And for the poor and small,
who will be the helper? And I understand by poor and small
5   the poverty of virtue and the smallness and coarseness of
understanding; for the rich can help the poor
with earthly goods, and the great can favor those that are
small and low in status, but he who is poor and
destitute of virtue and good merit, who can bring relief to him
10 or remedy his poverty? And he who is simple and foolish,
who can make him prudent and learned? No human
man, however virtuous he is, can make another virtuous, nor
can any learned man teach or make wise the one who is small
and crude in understanding. But you already see what this, the omnipotence
15 of God, can do, and that which His omnipotence
agrees to do, is itself to be known by His eternal
wisdom, because He alone knows who is poor of virtue, and He alone
knows the crudeness and smallness and insufficiency of understanding.
And what only His wisdom can know, the same
20 can only inestimable goodness and charity and mercy mend.
Because just as the rich man is not obligated to give alms to the
poor if his own charity and free will together do not oblige him,
God is less obligated to do that which His omnipotence is capable of, and that which
His
25 eternal wisdom knows that we have need of, unless His goodness and
perfect charity and paternal mercy intervene; because these
three divine excellencies, goodness, charity, and mercy, are great
intercessors and mediators that help us find and
attain the goodness and remedies and consolations that only the omnipotence
30 of God can give us and only His wisdom knows the
quantity and quality which our works require. And yet I truthfully believe
that justice does not disagree with this, or turn to us
a sinister face: although God scourges us and gives us tribulations,
He is moved by justice, and the same rod with which we sinners
35 are wounded is justice; and since by the grace of God we sinners
are converted and made penitent people, who
doubts that justice is our advocate? Yes, it is, for certain.

Admiración de las obras de Dios

Y pues como Dios, por eterna sabiduría supiese la extremada pobreza y desnudidad en virtudes que mi ánima tenía, y así mismo conociendo la pequeñeza e insuficiencia de mi rudo entendimiento y la angosta capacidad que para conocer y agradecer y
5 saber y loar sus beneficios que en mí había, interviniendo su inestimable bondad, plugo a su gran misericordia y perfecta caridad que su omnipotencia, a quien solamente pertenecía y pertenece proveer de remedio mis grandes males, y proveyese a un pecador de tales remedios y de tan saludables consolaciones que sin duda
10 puedo decir con el Profeta: "Según la muchedumbre de los dolores míos en mi corazón, las consolaciones tuyas regocijaron[39] y alegraron al ánima mía." Tú solo el trabajo y dolor mío consideraste y a Ti revelé mi causa, Defensor de mi vida, Señor, Dios mío.
15   Maravíllanse las gentes de lo que en el tratado escribí y yo me maravillo de lo que en verdad callé; mas no me maravillo dudando ni hago mucho en mí maravillar creyendo. Pues la inspiración me hace cierta y Dios de la verdad sabe que yo no tuve otro Maestro ni me aconsejé con otro algún letrado, ni lo trasladé de
20 libros, como algunas personas con maliciosa admiración suelen decir. Mas sóla ésta es la verdad: que Dios de las ciencias, Señor de las virtudes, Padre de las misericordias, Dios de toda consolación, el que nos consuela en toda tribulación nuestra, Él solo me consoló, y Él sólo me enseñó y Él solo me leyó. Él inclinó su oreja
25 a mí que cercada de grandes angustias y puesta en el muy hondo mar[40] de males inseparables, le llamaba con el Profeta diciendo: "Sálvame Señor, porque entra el agua hasta el ánima mía." Y verdaderamente agua de grande peligro entraba hasta el ánima mía, porque ni yo conocía en estos mis males los beneficios
30 de Dios, ni tenía paciencia, ni aun sabía qué cosa era. Y por cierto, yo creo que mi entendimiento era entonces aquel mismo ciego que estaba en el camino cuando nuestro Redentor pasaba cerca de Jericó. Y así como aquel ciego, no viendo luz alguna, sintió que Aquél por quien es hecha la luz pasaba cerca de él,
35 y que le podía librar de la tiniebla en que estaba, bien así mi entendimiento, estando ciego y lleno de tinieblas de pecados, sintió las pisadas del Salvador, las cuales son las buenas inspiraciones que Él envía a nuestras ánimas antes que venga, porque desde

---

[39] *Ms:* Letificar: Del lat. laetificāre). 1. tr. p. us. Alegrar, regocijar. 2. tr. p. us. Animar un concurso de gente o un lugar.
[40] *Ms:* Piélago: (Del lat. pelăgus, y este del gr. πέλαγος). 1. m. Parte del mar, que dista mucho de la tierra.

And since God, through eternal wisdom, knew the extreme poverty
and bareness of virtue of my soul, and so
knowing of the smallness and insufficiency of my crude understanding
and its narrow capacity to recognize, to appreciate,
5   to know, and to praise his blessings given to me, intervened
with his inestimable goodness, and it pleased his great mercy and perfect charity,
his omnipotence to which alone it fell and falls
to supply a remedy to my great ills, provided to this sinner
such remedies and such healthy consolations that without doubt
10   I can say with the Prophet: "According to the multitude of
pains in my heart, Your consolations lightened
and enlivened my soul." You alone considered my work and my pain
and to You I have unveiled my cause, Defender of my life, Lord,
my God.
15   The people marvel at what I wrote in the treatise and I
marvel at that which, in truth, I have kept quiet; but I did not marvel
doubting nor do I insist on my believing. But the inspiration
makes me certain and the God of truth knows that I had no other
Teacher nor did I consult with any other scholar, nor have I translated
20   from books, like some people with malicious admiration have
been saying. This alone, however, is the truth: that the God of the sciences, Lord
of virtues, Father of compassion, God of all consolation,
He who consoles us in all our tribulations, He alone
consoled me, He alone taught me, and He alone read to me. He inclined his ear
25   to me when I, surrounded by great anguish and placed in the
deep sea of inseparable wrongs, called to Him with the prophet
saying: "Save me Lord, because the water enters my soul."
And truly, water of great danger had entered into
my soul, because I neither recognized in these, my wrongs, the blessings
30   of God, nor did I have patience, nor did even I know what it was. And for
certain, I believe my understanding was then the same as the
blind man that was in the path when our Redeemer passed
close by Jericho. And just as that blind man, not seeing any light,
felt that He by whom the light is made was passing close by him,
35   and that He could free him from the darkness that he was in, so did my
understanding, being blind and full of the darkness of sin, feel
the footsteps of the Savior, which are the good inspirations
that He sent to our souls before coming, so that once

que sea venido le conozcamos y sepamos pedir lo que de razón pedir
debemos. Y como mi ciego entendimiento sintió por las señales
ya dichas que el Salvador venía, luego comenzó a dar secretas voces
diciendo: "Ave merced de mí, Hijo de David." Y los que
5 iban y venían increpaban a este ya dicho ciego entendimiento
mío que callase. Y sin duda puedo decir que iban y venían
muchos cuidados desvariados y gran multitud confusa[41] de respetos temporales humanos, de los cuales mi entendimiento era increpado[42]
y aun constreñido a callar, porque como yo estaba en el camino cerca
10 de Jericó, que se entiende puesto todo mi cuidado en la calle de este
mundo, y más cerca mi deseo de las afecciones humanas que de
las espirituales, no era maravilla si los pensamientos que iban
y venían y pasaban por mi entendimiento eran vecinos de Jericó,
conviene a saber, mas familiares del siglo que no de la religión
15 cuyo nombre usurpaba por entonces. Así que estos ya dichos pensamientos y movimientos humanos increpaban a mi ciego entendí-
miento que callase, mas él, con el gran deseo que tenía de ver
luz, más y más multiplicaba sus secretas voces diciendo: "Ave
merced de mí, Hijo de David." Y plegó al Señor de acatar
20 esta tan trabajosa y devota porfía que mi ciego entendimiento
contra sus estorbadores y a favor de sí mismo hacía. Y por su
gran caridad quiso detenerse y esperar a que este ya dicho ciego
se llegase a la verdadera Luz, y como por su mandamiento fuese guiado y traído ante su presencia, que se entiende guiado
25 por la gracia divina, constreñido de gran necesidad, porque no veía
otra guarda ni había donde le viniese auxilio, sino solamente de
Aquél que hizo el cielo y la tierra, así fue levado mi entendimiento ante la presencia del Salvador, porque por estas ya dichas razones fue cumplido y atraído a oración. Entonces estamos propiamen-
30 te en presencia de Dios cuando devotamente y atenta oramos. Y
así se siguió que por la gran misericordia fue hecha a mi entendimiento aquella misma interrogación o pregunta que nuestro
Redentor hizo a aquel ciego que le daba voces en el camino acerca
de Jericó, conviene a saber: "¿Qué quieres que haga a ti?" Y
35 sea verdad que mis naturales y humanos deseos me convidaban e
inclinaban a pedir cosas algo contrarias de la salud espiritual, pero desde que ya conocí que aquel Señor que así me inte-

---

[41] *Ms*: Turbamulta: (Del lat. turba, turba, y multa, mucha, numerosa). 1. f. coloq. Multitud confusa y
desordenada.
[42] *Ms*: Increpar: (Del lat. increpāre). 1. tr. Reprender con dureza y severidad.

He is come we may know Him and know to ask for that which by reason we
ought to ask. And as my blind understanding knew by the said
signals that the Savior had come, it then began to call in secret,
saying: "Have mercy on me, Son of David." And those that
5 came and went reprimanded this aforementioned blind understanding
of mine, that it be silenced. And without doubt I can say that
many disordered thoughts and a great mob of temporal human
concerns came and went, by which my understanding was criticized
and even forced to be silent, because as I was on the path near
10 Jericho, which is understood as all my caution being placed on the road
of this world and my desires being closer to human attachments than to
the spiritual one, it was no wonder that the thoughts that came
and went and passed through my understanding were neighbors of Jericho;
that is to say, more relatives of the world than to the religion
15 whose name I then usurped. Thus, these said thoughts
and human movements dictated that my blind understanding
be silenced, but it, with the great wish that it had to see
light, it multiplied its secret voices more and more saying: "Have
mercy on me, Son of David." And it pleased the Lord to observe
20 this ardent and devout struggle that my blind understanding waged
against its obstructers and in favor of itself. And through His
great charity He stopped and waited for the blind man
to arrive at the true Light, and since by His commandment he was
guided and brought before His presence, my understanding, guided
25 by divine grace, constrained by great necessity, because neither did it see
another guard nor was anywhere from whence assistance would come, except from
He who made heaven and earth; thus my understanding was carried
before the presence of the Savior, where for these already mentioned reasons
it was completed and brought to prayer. Then, we are properly
30 in the presence of God when we pray devoutly and attentively. And
thus, it follows that by His great mercy, unto my understanding was made
that same interrogation or question that our
Redeemer made to that blind man that shouted to him in the path near
Jericho, namely: "What do you want me to do with you?" And
35 the truth is that my natural and human desires invited and
inclined me to request things contrary to my spiritual health,
but as I already knew that the Lord that

rrogaba era mi Salvador y que si yo le pidiese alguna cosa
contraria a mi salvación, que no me la daría. Y aun recordase[43] entonces mi entendimiento de aquello que dice San Agustín sobre
aquella palabra del Evangelio: "Quidquid pecieritis Patrem yn
5   nomine meo, etc." Donde dice que no pide en nombre del
Salvador aquel que pide alguna cosa contra la razón de su espiritual salud. Y por tanto, mi entendimiento, herido[44] de aquellos te-
mores, dejó de pedir aquello que la natural inclinación pide, y solamente pidió aquello que sintió que al Salvador le placía. ¡Oh cuánto
10 place, al Salvador nuestro que amemos aquello
que Él tanto amó y ama, que es la salud de nuestras ánimas, y
que deseemos aquello que Él tanto deseó, que después de traído
a sí mismo en ofrenda y sacrificio[45] y ostia ofrecida al Padre en el altar[46] de la
Cruz, tuvo sed de la salud de nuestras ánimas! Pues, ¿Qué pe-
15 tición mas justa y graciosa y aceptable podemos pedir a nuestro
Salvador que la salud de nuestras ánimas o aquellas cosas que a
aquella ya dicha salud pertenecen? Y como mi entendimiento
con todo a su ceguedad sintiese deseo de ser preguntado del
Salvador diciendo: "¿Qué quieres que haga a ti?, respondió:
20 "Domine, Domine, ut uideam lumen." Señor, que vea yo luz
por la cual conozca que eres verdadera Luz y Sol de justicia;
que vea yo luz por la cual conozca en estos mis públicos males
los escondidos bienes de tu gran misericordia; que vea yo luz
por la cual en estas mis penosas pasiones y desee gran
25 fervor a Ti que eres verdadero Médico de las ánimas; que vea
yo la luz por la cual en esta mi aflicción, confusión y tormento haya
yo continua membranza de Ti que eres gloria y bienaventuranza
de los santos; que vea yo la luz por la cual mi tenebrosa y mujeril
ignorancia sea alumbrada de los rayos de tu muy alta prudencia.
30 Ven, envía, Señor, la sabiduría de la silla de tu maravillosa
grandeza porque conmigo sea y contigo trabaje y yo sepa lo que
es aceptable delante de Ti todo el tiempo. Y así en estas y otras seme-
jantes peticiones perseverando mi ciego entendimiento, plugo a
la misericordia del Salvador de decirle: "Réspice[47]" Y aquella
35 sola palabra fue de tanto vigor y virtud que luego se rompió el
velo de las tinieblas que tenía ciego los ojos de mi entendimiento y
vio y siguió al Salvador magnificando a Dios. Por ende los que se

---

[43] *Ms*: Membrar: (Del lat. memorāre). 1. tr. desus. recordar (traer a la memoria).
[44] *Ms*: Pungir: (Del lat. pungĕre). 1. tr. Herir con un objeto puntiagudo. 2. tr. Dicho de una pasión: Herir el ánimo o el corazón.
[45] *Ms*: Oblación: (Del lat. oblatĭo, -ōnis). 1. f. Ofrenda y sacrificio que se hace a Dios.
[46] *Ms*: Ara: (Del lat. ara). 1. f. altar (montículo, piedra o construcción). 2. f. En el culto católico, losa o piedra consagrada, que suele contener reliquias de algún santo, sobre la cual extendía el sacerdote los corporales para celebrar la misa.
[47] *Ms*: Réspice (Del lat. respĭce, imper. de respicĕre, mirar). 1. m. coloq. Respuesta seca y desabrida. 2. m. coloq. Represión corta, pero fuerte.

questioned me was my Savior, and that if I were to ask for something
contrary to my salvation, He would not give it to me. And then my understanding
remembered that which St. Augustine says about
the word of the Gospel: "Quidquid peciertis Patrem yn
5   nomine meo, etc." Where he says that one should not ask for, in name of
the Savior, something against the reason of his spiritual
health. And therefore, my understanding, stung by these
fears, stopped asking for that which natural inclination asks for, and only
asked for that which it felt would please the Savior. Oh, how
10 it pleases our Savior when we love what
he loves and has loved so much, which is the health of our souls, and
when we desire what he desires so much; For after having offered
himself in sacrifice and consecrated offering to the Father at the altar of the
Cross, He had thirst for the health of our souls! Then, what petition
15 more just and gracious and acceptable can we ask of our
Savior than for the health of our souls or those things that
belong to that said health? And as if my understanding,
with all of its blindness, felt itself to be asked of
the Savior, saying, "What do you wish that I do for you?," it answered:
20 "Domine, Domine, ut uideam lumen." Lord, let me see the light
by which I know that you are the true Light and Sun of justice;
let me see the light by which I may recognize in these my public wrongs
the hidden goods of your great mercy; let me see the light by which
I search through these troublesome passions of mine and desire, with great fervor,
25 You who are the true Healer of souls; let me see
the light by which, in my affliction, confusion, and torment, I might have
constant memory of You, glory and well-being
of the saints; let me see the light by which my weak and feminine
ignorance may be illuminated by the rays of your high prudence.
30 Come, send, Lord, the knowledge of the seat of your marvelous
grandeur so that it may be with me and that I may work with you and that I may
know that which is acceptable before You for all time. And thus, as in these and
other similar
petitions my blind understanding persevered, it pleased
35 the mercy of the Savior to say to it: "Behold[48]," and this
single word was of such vigor and virtue that it then broke the
veil of darkness that had blinded the eyes of my understanding and
it saw and followed the Savior, magnifying God. Therefore, those that

---

[48] Latin *respĭce*, imper. of *respicĕre*, to look

maravillan dudando del tratado que yo hice, dejen la duda y
maravíllense creyendo que hecho es el Señor Refugio del pobre,
Ayudador en las oportunidades y en la tribulación.

5   Por ventura alguno querrá saber la exposición de aquella
palabra, conviene a saber: como mi entendimiento vio y siguió al
Salvador magnificando a Dios. Y para esto mejor entender y
decir primeramente la calidad de la dolencia, qué cosa es ceguedad de entendimiento y de qué humores procede esta intelectual
tiniebla; para lo cual conviene considerar las potencias del ánima,

10 las cuales son entendimiento, memoria y voluntad. Es la primera
potencia el entendimiento, y así me parece que le debe ser dado
mayorazgo, porque ni nos podemos membrar de aquello que no sabemos, ni tampoco podemos amar aquello que no conocemos ni enten-
demos qué cosa sea. Y pues de necesidad se sigue que el enten-

15 dimiento proceda y use primero de su oficio. Y entendiendo y sa-
biendo y conociendo, luego la memoria y voluntad tendrán en que
ejercer sus hábitos y naturales oficios, membrando y amando aquello
que el entendimiento entiende y conoce y sabe. Y son estas tres potencias del ánima así naturalmente asentadas y dadas al hombre por

20 la omnipotencia y sabiduría de Dios, que no pueden estar un solo
momento ociosas, porque necesario es que el entendimiento entienda
en alguna cosa, y por consiguiente la memoria se miembra de aquello
que el entendimiento entiende, y la voluntad se inclina a amar o
aborrecer según la calidad de aquello que el entendimiento y

25 memoria le presentan. Y porque así varones como hembras, todos somos generalmente llamados criaturas razonables, bien
parece que este renombre y la verdad con él, nos convida e
inclina a que naturalmente amemos y nos plega con nuestro propio bien, y aborrezcamos y nos pese del mal cuando nos acae-

30 ce. Y pues esta natural inclinación es tanto anexa y familiar
de todo animal razonable, mucho conviene y es menester que el
entendimiento sea sano y tenga la vista bien sana y clara para que
pueda entender y conocer y discernir cuál es lo bueno y cuál
es lo malo, porque manifiesto es, cual él lo presentare a la memoria,

35 tal lo reciba en su gracia la voluntad. Y me acuerdo que oí decir
a los doctores de medicina que el cuerpo humano es regido por cuatro

wonder, doubting the treatise that I wrote, leave doubt and
marvel, believing the fact that the Lord is the Refuge of the poor,
helper in opportunities and in tribulation.
    Perchance, some may want to know the explanation of this
5   word, and it should be known: how my understanding saw and followed the
Savior, magnifying God. And to better understand this
first I must tell of the quality of the affliction, what
blindness of understanding is and from what humors comes this intellectual
darkness; for which it would be convenient to consider first the powers of the soul,
10   which are understanding, memory, and will. Understanding is the first
power of the soul, and it seems that it should be given
priority, because we cannot memorize that which we do not
know, nor can we love that which we do not know or
understand of what it is. And then by necessity it follows that the
15   understanding precedes and uses the office first, understanding and
knowing and recognizing, then the memory and will
exercise their habits and natural offices, remembering and loving that which the
understanding understands and knows and recognizes. And these three
powers of the soul are thus naturally seated and given to man by
20   the omnipotence and knowledge of God, but they cannot be idle for
one moment, because it is necessary that the understanding comprehend
a thing, and by consequence the memory records that which
the understanding intends, and the will is inclined to love or
abhor according to the quality of that which the understanding and
25   memory present to it. And because then all, men as well as women,
are generally called reasonable creatures, it seems
correct that this reputation, and the truth with it, compels us and
inclines us to what we may naturally love and be pleased with our own
good, and abhor and regret the bad when it happens to us.
30   And since this natural inclination is so possessed and familiar
to every reasonable animal, it is very fitting and necessary that the
understanding be well and have the best vision, healthy and clear, so that
it may understand and know and discern what is good and what
is bad, because obviously, that which it presents to the memory,
35   is thus received by the will in its grace. And I remember that I heard
the doctors of medicine say that the human body is governed by four

humores, y cuando alguno de aquellos se altera y se mueve demasiado, luego el cuerpo se adolece gravemente. Y así parece
acaecer al entendimiento y los humores porque es regido y aun go-
bernado nuestro entendimiento. Y los humores creo ciertamente
5   que son los cinco sentidos, y si estos son bien ordenados y regi-
dos, estará el entendimiento que aquél que bien los rigiere en buena sanidad. Pero si acaece que los cinco sesos corporales salen
de regla y se ejercen demasiado en las cosas del siglo, adolece el entendimiento, y de que es hecho doliente no puede en-
10 tender en su oficio, que es ser primera y principal potencia del
ánima. Y aun tanto puede ser excesiva la disolución de estos ya
dichos intelectuales humores que podrán causar que el entendimiento pierda la vista. Y ciertamente adolece el entendimiento
por causa de los sentidos, porque ¿Quién podrá prohibir[49] a su entendimien-
15 to que no entienda aquello que el ojo vio y la oreja oyó? Pues
si aquello que ve y oye es dañoso y entregado a los vicios[50] tomado, la
salud del entendimiento se daña en su interior vista y se oscu-
rece. Y desde que el entendimiento está enfermo, creo en verdad, que
la memoria y voluntad no están sanas. Pues si las potencias del
20 ánima enflaquecen, ¿Quién fortificará el espíritu? ¿Quién conos-
cerá a Dios? Porque el entendimiento que nos es dado para conocerle
ha perdido la vista. ¿Quién se membrará de aquél que tantos beneficios nos hace, pues la memoria está enferma y pasmada[51] en mem-
branzas mundanas? ¿Quién amará Aquél que soberanamente debe
25 ser amado, pues la voluntad nuestra esta dañada y ocupada en
afecciones con los ojos del entendimiento contrarias del amor de
Dios? Y de esta manera y por causa de los sentidos se ciegan los ojos
del entendimiento, porque ciego se puede decir el entendimiento de
aquel que ve la luz accidental del curso del día y no ve ni con-
30 sidera las tinieblas de la noche de su oscuro vivir, las cuales le apartan de la Luz verdadera y le llevan por pasos contados a la eterna tiniebla. Pues aquél tiene la vista bien clara que ve las tinieblas y aturdimientos de sus pecados y conoce la miseria en que
vive y conoce la bondad de Dios que le espera a penitencia. Y por
35 cierto grande luz luce en el entendimiento de aquel que conoce a
sí mismo y conoce a Dios. Y aquella luz veía el ciego Tobías

---

[49] *Ms*: Vedar: (Del lat. vetāre). 1. tr. Prohibir por ley, estatuto o mandato. 2. tr. Impedir, estorbar o
dificultar.
[50] *Ms*: Disoluto: Del lat. dissolūtus, part. pas. de dissolvĕre, disolver, disipar). 1. adj. Licencioso,
entregado a los vicios.
[51] *Ms*: Absorta: (Del lat. absorptus). 1. adj. Admirado, pasmado. 2. adj. Entregado totalmente a una
meditación, lectura, contemplación, etc.

humors and when one of them is altered or stirred enough,
then the body falls gravely ill. And this seems
to happen to our understanding and the humors by which our understanding
is ruled and governed. And I believe with certainty that the humors
5   are the five senses and if these are well-ordered and
ruled over, the understanding will be the one that will govern them well in
good health. But if it happens that the five bodily senses leave
from rule and apply themselves too much to worldly things[52], the
understanding will fall ill, and because it is made sick it cannot
10   understand its office, which is to be the first and principal power of the
soul. And the dissolution of these said intellectual
humors can be so excessive that they will even be able to cause the
understanding to lose its vision. And the understanding certainly will suffer
by cause of the senses, because, who can prohibit his understanding
15   from knowing that which the eye sees and the ear hears? Then
if that which one sees and hears is harmful and licentiously taken, the
health of the understanding is harmed and its inner vision is
obscured. And since the understanding is ill, I believe in truth, that
the memory and will are not well. Then if the power of the
20   soul is weakened, who will fortify the spirit? Who will know
God, because the understanding that is given to us to know Him
has lost its vision? Who will remember the many blessings
He gives to us, as the memory is ill and absorbed in mundane
remembrances? Who will love Him who supremely deserves to
25   be loved, as our will is damaged and the
eyes of our understanding are busy with affections contrary to the love of
God? And in this manner and by cause of the senses, the eyes of
understanding are blinded, for one can call blind the understanding of she who
sees the accidental light of the course of day but does not see nor
30   consider the darkness of the night of sinful[53] living, that which
separates itself from the true Light and carries us by counted steps to
eternal darkness. Then he that has the clear vision to see the darkness
and confusion of his sins knows the misery in which he
lives and knows the kindness of God that waits for him in penitence. And for
35   certain a great light shines in the understanding of he that knows
himself and knows God. And the blind Tobias saw this light

---

[52] Siglo- Mundo de la vida civil, en oposición al de la vida religiosa.
[53] oscuro

cuando enseñaba a su hijo tan clara doctrina y le amonestaba diciendo: "No quieras temer, hijo, porque pobre vida hacemos, porque tenemos muchos bienes si temiéramos a Dios, etc." Y por la pobre vida se entiende la pobreza espiritual, porque pobre vida hace aquel

5   que bien lleno de vicios y vacío de virtudes, porque las virtudes son verdaderas riquezas del ánima. Donde San Gregorio dice: "Si verdaderos ricos desearés ser, las verdaderas divisas amad." Pero aun los que de estas riquezas hacemos pobre vida, tendríamos muchos bienes si temiéramos a Dios. Temer a Dios es

10   apartarse el hombre del mal y obrar el bien, donde el Profeta, mostrando que en estas dos cosas consiste el temor de Dios, dice: "Venid hijos, oíd a mi; el temor del Señor enseñará a vos." Y antes que enseñe el temor, mueve cuestión[54] y como preguntando dice: "¿Quién es el hombre que quiere la vida? etc. Y que-

15   rer la vida no es sino aborrecer la muerte, que es el pecado, y amar la virtud, que es la vida del ánima. Porque así como el cuerpo vive por el espíritu, el espíritu vive por la virtud y por el ejercicio de obras virtuosas. Por ende es derechamente añadido: "Y ama ver los días buenos." ¿Y cuales son los días bue-

20   nos sino aquellos que este mismo Profeta añade diciendo?: "Mejor es un solo día en las tus moradas, etc." Y pues a estas moradas y habitación celestial no podemos subir sino por la escala de obras virtuosas y conjunto de méritos buenos y por cierto, con muy grande madurez y prudencia enseña el Profeta la disciplina

25   del temor de Dios, porque antes que aquélla pronuncie, mueve todas aquellas cuestiones, así como aparejamiento o apercibimiento para recibir el ya dicho temor. Y luego adelante declara su enseñanza y doctrina diciendo: "Apártate del mal y has el bien, etc." ¿Y pues cómo se puede apartar del mal el que aún no conoce el

30   verdadero Bien, el cual no se puede ver con los ojos corporales mas con los intelectuales del ánima? Y si estos por nuestros pecados se oscurecen y ciegan con el polvo de las terrenales codicias, en tinieblas estamos y no podemos ver el camino de nuestra patria y cuidad de Jerusalén, si Aquél que es

35   verdadera Luz no alumbra nuestro entendimiento. ¡O Luz eterna y Sol de justicia, llave de David y Cetro[55] de la casa

---

[54] *Ms*: Quistión: 1. f. p. us. cuestión.
[55] *Ms*: Cebtro: Del lat. sceptrum, y este del gr. σκῆπτρον). 1. m. Vara de oro u otra materia preciosa, labrada con primor, que usaban solamente emperadores y reyes por insignia de su dignidad.

when he taught his child such clear doctrine and admonished him saying:
"Do not fear, child, because we live poor, for
we will have many blessings if we fear God, etc." And through the poor
life spiritual poverty is understood, because a truly poor life is that

5 lived full of vice and empty of virtues, because virtues are
the true riches of the soul. Where Saint Gregory says: "If
truly rich you desire to be, you must love true wealth."
But, even though we of the true riches live poor,
we will have many blessings if we fear God. To fear God is

10 for men to move away from evil and perform good. Where the Prophet,
showing that in these two things consist the fear of God, says:
"Come my sons, hear me; the fear of God will teach you."
And before teaching fear, he removes any doubt and as if asking
says: "Who is the man that wants life? etc." And wanting

15 life is nothing more than loathing death, which is the sin, and
to love virtue, which is the life of the soul. Because just as the body
lives by the spirit, the spirit lives by virtue and by
the exercise of virtuous deeds. To which is directly added:
"And loves seeing the good days." And which are the good days,

20 if not those that this same Prophet adds, saying: "Better
is a single day in your dwellings, etc."? And then to these dwellings
and celestial habitations we cannot go up except by the stepladder
of virtuous deeds and collection of good merit, and for certain, with
very great maturity and prudence the Prophet teaches the discipline

25 of the fear of God, for before he pronounces it, he removes all
those doubts, as readyings and preparations
for receiving this said fear. And then he declares his
teachings and doctrine saying: "Flee from evil and do good, etc."
And so how can one flee from evil when one doesn't know the

30 true Good, which cannot be seen with physical eyes,
but rather with the intellectual eyes of the soul? And if these by our
sins are darkened and blinded with the dust of worldly
greed, we are in darkness and we can no longer see the road
of our native country and city of Jerusalem, if He who is

35 the true light doesn't illuminate our understanding. O eternal
Light and Sun of justice, Key of David and Scepter of the house

Admiración de las obras de Dios

de Israel, ven y libra la tribulada ánima mía de aquella tiniebla y sombra de muerte! Pues el verdadero Médico conociendo
la calidad de mi dolencia espiritual, para mi guarecer[56] de
aquélla, ¿Qué hizo? Cerró las puertas de mis orejas por donde la
5   muerte entraba al ánima mía y abrió los ojos de mi entendimiento, y vi y seguí al Salvador. Y vi Mis manos vacías de todos los
humanos y vanos placeres, y vi mis obras cargadas de angustiosas
pasiones, vi la justicia del justo Juez que me hirió con su poderosa
mano, y vi la misericordia del clementísimo Padre que me espe-
10   raba a penitencia, y seguí al Salvador. Y seguí al Salvador se
puede entender de muchas maneras, pero la más propia y
verdadera es aquélla que Él mismo dice en el evangelio: "Quien
quiere venir en pos de mí, niegue a sí mismo, y tome la cruz suya
y sígame, etc." Y pues si negar el hombre a sí mismo no es otra
15   cosa sino contradecir e impunar y negra totalmente la propia voluntad y seguir la voluntad de Dios, yo ¿En qué gasto mi
tiempo, sino en esta agonía y trabajosa contienda, conviene a
saber, contradecir y negar la voluntad mía y seguir la voluntad de
Aquél que por su gran misericordia me hizo digna de ser cogida de
20   su mano? Así que, ahora sea por gracia infusa de la supernatural
bondad de Dios, ahora sea por fuerza manifiesta del rigor de la
justicia, yo así continuamente me abstengo de la propia voluntad,
que verdaderamente niego a mí misma con asaz dificultad, y trabajo tomar la cruz mía, que es el tormento de esta cotidiana plaga,
25   en las manos del consentimiento interior. Y llevándola en los hom-
bros de la débil humanidad con asaz pena, ¿Qué hago otra cosa
sino seguir al Salvador no con pasos corporales, mas con
los afectos del ánima, corriendo en el olor de los ungüentos suyos
que son sus preciosas llagas, de las cuales Él, por su gran ca-
30   ridad, quiso ser ungido y quiere ungir a los que para sí escoge?
Y de esta manera mi ciego entendimiento <acatar con diligencia>
vio, y siguió y sigue al Salvador, magnificando a Dios. Y magnificar
a Dios y acatar con diligencia devota la grandeza de sus beneficios y misericordias y gracias, y manifestarlas a las gentes recontándolo
35   a gloria y a magnificencia de su santo Nombre, lo cual yo,
aunque con poca devoción y menos prudencia, pero según mi

---

[56] *Ms*: Guarecer: (De guarir). 1. tr. Acoger a alguien, ponerle a cubierto de persecuciones o de ataques, preservarle de algún mal.

of Israel, come and free my oppressed soul of this
darkness and shadow of death! And the true Doctor, knowing
the quality of my spiritual illness, in order to shelter me from
that, what did He do? He closed the doors of my ears through which
5   death entered my soul and opened the eyes of my understanding,
and I saw and followed the Savior. And I saw my hands empty of all
human and vain pleasures, and saw my works loaded with distressful
passions, saw the justice of the fair Judge who injured me with his powerful
hand, and saw the compassion of the merciful Father, who waited
10 for my penance, and I followed the Savior. And following the Savior
can be understood in many ways, but the most proper and
precise is that which He Himself says in the Gospel: "Whoever
wants to come after[57] me, deny himself, and take up the cross
and follow me, etc." And then if for a man to deny himself is nothing more than
15 to contradict and punish and deny completely his own
will and follow the will of God, on what should I spend my
time if not in this agony and laborious battle, which is to
say, contradicting and denying my will and following the will of
He who by His grand compassion made me worthy of being chastised by
20 His hand? Thus, at one time be it by inspired grace of the supernatural
goodness of God, at others be it by the force of his severity of
justice, I thus continuously abstain from my own will,
and I deny from myself with truly great difficulty, and I
work taking up my cross, which is the torment of this daily plague,
25 in the hands of my inner contentment. And carrying it on the
shoulders of weak humanity with a great deal of grief, do I do anything
but follow the Savior? Not with corporal steps, but with
the affection of the soul, running in the scent of his ointments
which are precious sores, which He, by His great
30 charity, chose to be anointed and wants to anoint those who choose him?
And with this manner, my blind understanding
saw, and followed and does follow the Savior, magnifying God. To magnify
God and obey with devout diligence the grandeur of his benefits
and mercies and graces, and to declare them to the people professing
35 the glory and the magnificence of His holy Name, which I,
although with little devotion and less prudence, but according to my

---

[57] En pos – from Latin *post*, behind

mujeril y pequeña suficiencia, hice. Y cuando escribí aquel tratado que trata de aquella intelectual Luz y sobredicha ciencia,
la cual es alabanza y conocer a Dios y a mí misma y negar mi
voluntad y conformarme con la voluntad suya, y tomar la cruz
5   de la pasión que padezco en las manos del entendimiento interior, e ir en pos del Salvador por pasos de aflicción espiritual, y magnificar a Dios por confección[58] de la lengua, dando loor y
alabanza a su santo Nombre, recontando a la gente la igualdad
de su justicia, de la grandeza de su misericordia, y la manifi-
10   ciencia y gloria suya. Donde el Profeta de la gloria del reino
suyo dice: "Tu magnificencia y gloria recontarán;"
y "recuentan los cielos la gloria de Dios"; pues re-
cuente la tierra, que es la criatura humana, la magnificencia y gloria suya diciendo: "Cantad al Señor, porque magníficamente lo hizo.
15   Anunciad esto en toda la tierra."
        Así que estas tres potencias del ánima, las cuales por la disolu-
ción excesiva de los sentidos corporales se turban y se hacen ociosas por la estrecha abstinencia[59] de aquéllos, se pueden hacer y
hacen curiosas y diligentes en sus propios oficios. Y parece
20   acaecer al entendimiento, memoria y voluntad, lo que acaece
a algunas mujeres comunes que salen de su casa a menudo y
andan vagando por casas ajenas, las cuales, por esta mala costumbre, se hacen así negligentes y perezosas en el ejercicio femíneo
y obras domesticas y caseras, que ellas por esto no valen más y
25   su hacienda y casa valen menos. Por consiguiente parece acaecer al entendimiento cuando desampara y deja muy a menudo
su propia casa, que es el estudio interior de la secreta
cogitación dentro de las paredes del corazón; porque así como las hembras
estando inclusas dentro de las puertas de su casa se ejercen en
30   sus propios y honestos oficios, así el entendimiento, retraído de
las cosas de fuera y encerrado dentro de las puertas de la secreta
meditación, se ejerce con más vigor en su propio oficio. Mas
de aquel entendimiento que anda vagando fuera de la posada
o estudio interior y se envuelve muy a menudo en las nego-
35   ciaciones mundanas, él por esta causa no vale más, y su hacienda,
que es el ánima, vale menos. Y así como la mujer andariega es

---

[58] *Ms*: Confición: 1. f. desus. confección.
[59] *Ms*: Astinencia: (Del lat. abstinentĭa). 1. f. Acción de abstenerse. 2. f. Virtud que consiste en privarse total o parcialmente de satisfacer los apetitos.

feminine and little sufficiency, did. And when I wrote that treatise
which deals with this intellectual Light and said science,
which is praise, and knowing God and myself and denying my
will and conforming with His will, and taking up the cross
5   of afflictions that I suffer in the hands of the inner understanding,
and following after the Savior in the footsteps of spiritual affliction;
and magnifying God by the confession of the tongue, giving admiration and
praise to His holy name, proclaiming to the people the equality
of His justice, the greatness of His compassion, and His magnificence
10 and glory. Where the Prophet of the glory of His kingdom
says: "They will proclaim Your magnificence and glory;"
and "the heavens proclaim the glory of God"; and so
let the earth declare, which is human creature, His magnificence and glory
saying: "Sing to the Lord, for He has done magnificently.
15 Proclaim this in all of the earth."
          And thus these three powers of the soul, which by the excessive
dissolution of the physical senses are disturbed and are made idle
by long abstinence from them, can be and are
made sharp and diligent in their proper role. And it seems to
20 happen to the understanding, memory and will, that which happens
to some common women who leave the house frequently and
go roaming about in the homes of others, who, because of this bad
habit, thus become negligent and lazy in the feminine practices
and domestic and household chores; that they, because of this, are not worth more
25 and
their estate and home are worth less. Consequently, this seems
to happen to the understanding when it frequently abandons and leaves
its own home, which is the inner study of secret meditation
within the walls of the heart; because just as women
30 while being confined by the doors of their home serve
in their proper and honest role, so the understanding, withdrawn from
outside things and enclosed within the doors of secret
meditation, serves with its role with greater vigor. But
that understanding that goes roaming about outside the home or
35 inner study and frequently involves itself in worldly
negotiations, it for this reason is not worth more, and its estate,
which is the soul, is worth less. And just as the wandering woman is

Admiración de las obras de Dios

constreñida de tornar a su casa por el acercamiento de la noche, mas
viene tan escandalizada y mal descansada a trabajar, que en ese poco
de tiempo que le queda, no se puede ejercitar en cosa que convenga al bien suyo ni al provecho de su casa, y bien así
5   acaece al entendimiento, porque en la hora en que los sentidos se recogen y
apartan de sus trabajos por el acosamiento de la noche, en la
cual es hecho silencio a todo negocio y trato forastero[60], el entendimiento así como constreñido de necesidad, es compelido de acoger su propia casa, que es la cogitación secreta y soliloquio[61] de su
10   interior pensamiento. Pero viene así alterado, escandalizado de la
ociosidad del día, que el sosiego de la noche no le puede aprovechar, ni puede entender en cosa que convenga al bien suyo y provecho de su mal regida casa y hacienda, que es la salud espiritual.
Pues para que el entendimiento entienda de reposo y asiento en lo
15   que conviene al bien suyo y al provecho de su hacienda, que es
la salud del ánima, necesario que se sosiegue y se quede en
su ya dicha posada. Y en cuanto se devolviere dentro en sí mismo,
tanto más curioso entenderá y aprovechará en su propio
oficio, el cual es conocer a Dios y conocer los beneficios de
20   Dios y conocer los defectos y culpas del ánima, y cómo está pos-
trada y caída en la cava de los pecados por su gran negligencia ¡O qué alta sabiduría es conocer a Dios, y qué verdadera
prudencia es conocer y reconocer los beneficios de Dios! ¡Y
qué saludable y provechosa ciencia es conocer el hombre a sí mismo
25   y a sus propios defectos y culpas!, porque del verdadero conocimiento de Dios se engendra en el ánima de perfecta caridad, y
el conocimiento de los beneficios de Dios se engendra en el
ánima agradecimiento cordial, y del conocimiento de los propios defectos y culpas se engendra en el ánima comprensión y hu-
30   mildad. Pues éste es el propio oficio de las tres potencias del
ánima, especialmente del entendimiento. Porque él se quiere dar totalmente a trabajar dentro en su casa en este ya dicho
ejercicio santo y propio oficio suyo, luego la memoria y voluntad
están con él, y se favorecen y esfuerzan todas tres potencias
35   a cobrar su propio nombre, conviene a saber: ser de hecho potencias del ánima así como lo son en el nombre, porque por esto llama-

---

[60] *Ms*: Forano: (Del b. lat. forānus). 1. adj. ant. Forastero, extraño. 2. adj. ant. Rústico, huraño.
[61] *Ms*: Soliloquio: (Del lat. soliloquĭum). 1. m. Reflexión en voz alta y a solas. 2. m. Parlamento que hace de este modo un personaje de obra dramática o de otra semejante.

constrained to return to her home by the coming of the night, but
comes so disquieted and poorly rested for work, that what little
time remains to her cannot be applied to things which may
befit her well-being or the welfare of her home, such
5   happens to the understanding, for in the hour that the senses gather themselves and
depart from their work under the fall[62] of the night, in
which all outside business and dealings are made silent, the
understanding thus, as if constrained by necessity, it is compelled to
seek refuge in its own home, which is the secret meditation and soliloquy of its
10 inner thought. But it returns so altered, disquieted by the
lethargy of day, that it can not take advantage of the calm of the night,
nor can it attend to what things may befit its well-being and the welfare
of its poorly run home and estate, which is spiritual health.
So in order for the understanding to attend[63] with repose and support to that
15 which befits its well-being and the welfare of its estate, which is
the health of the soul, it is necessary that it calm itself and be still in its
said home. And when as it returns unto itself,
so much more fittingly will it understand and make the most of its own
duty, which is to know God and know the blessings of
20 God and know the defects and faults of the soul, and how it is
prostrated and felled in the cave of sin by its great neglect.
O what high wisdom it is to know God, and what true
prudence it is to know and recognize the blessings of God! And
what a healthy and beneficial knowledge it is for man to know himself
25 and his own defects and faults! For from true knowledge
of God rises in the soul perfect charity, and
from the knowledge of the blessings of God rises in the
soul warm gratefulness, and from the knowledge of one's
own defects and faults rises in the soul comprehension and
30 humbleness. So this is the proper role of the three powers of the
soul, especially of knowledge, because as it wants to
give itself totally to laboring inside its home in this said
holy task and proper service, so then memory and will
will be with it, and all three strengths will support and impel each other
35 to regain their proper name, that is to say: to be in fact powers
of the soul just as they are in name, because for this they are called

---

[62] Acostamiento, noun form of *acostar-to put to bed*
[63] Entender- Ocuparse en algo

Admiración de las obras de Dios

das potencias del ánima, porque con estos tres poderíos, entendimiento, memoria y voluntad, el ánima nuestra es alzada al alto
y se esfuerza contra la humana flaqueza a subir y obtener y cobrar el verdadero Bien para que fue criada. Mas desde que el en-
5   tendimiento, memoria y voluntad salen fuera de su celda y se
derraman muchos en las cosas corporales y vanas, no potencias,
mas flaquezas del ánima se pueden decir, porque ellas se debilitan[64] y
hacen groseras, y el ánima enflaquece mucho por su ausencia
y mal recaudo[65]. Y así se sigue que retraídas de las ocupaciones
10 del siglo se hacen más solicitas y diligentes en sus propios espirituales oficios. Cuando el entendimiento, memoria y voluntad
acuerdan en uno y se dan de buena gana a este meritorio y buen
ejercicio, no niega el soberano Señor su santa gracia, ante aca-
ta con ojos de paternal amor y verdadera caridad las menguas[66]
15 de sus desterrados hijos en este valle de miseria y lágrimas.
Y desde que ve la insuficiencia y angosta capacidad del entendimiento humano, que no puede subir donde el ánimo tiende, sin
alguna tardanza abre la puerta de su muy sagrada arca y des-
tella de la soberana fuente de su gran misericordia estilancias
20 maravillosas sobre la tierra dispuesta para recibirla, que se entiende la disposición de la criatura humana a los bienes espirituales. Porque aunque el Profeta y santo Rey David dice: "Maravilloso es Dios en los santos suyos, etc." Y bien parece que él
era y es uno de los santos, porque por lo que en sí mismo sentía de
25 la magnificencia divinal, se maravilla de cómo Dios es maravilloso
en los santos suyos. Pero si los pecadores queremos hablar
según aquello que en nosotros mismos sentimos de la magnificencia de los beneficios de Dios, bien podemos decir: "Maravilloso
es Dios en los pecadores suyos," que aunque seamos pecadores, su-
30 yos somos, porque si por ser pecadores fuésemos desechados de ser
suyos, no dijera la soberana Verdad: "Mayor gozo será en el
cielo por un pecador haciendo penitencia, etc." Pues si queremos conocer cuán maravilloso es Dios en los pecadores
suyos, consideremos con cuánta paciencia nos sostiene, con cuán-
35 ta solicitud nos aguarda, con cuánta grandeza de ánimo[67] nos espera, con
cuánta caridad nos corrige, con cuánta misericordia nos con-

[64] *Ms*: Embotar: tr. Enervar, debilitar, hacer menos activo y eficaz algo.
[65] *Ms*: Recaudo: ant. Reserva, cautela. m. ant. Cuidado, razón, cuenta.
[66] *Ms*: Menguar: (Del lat. vulg. minuāre, por minuĕre). 1. intr. Dicho de una cosa: Disminuir o irse consumiendo física o moralmente.
[67] *Ms*: Longanimidad: (Del lat. longanimĭtas, -ātis). 1. f. Grandeza y constancia de ánimo en las adversidades. 2. f. Benignidad, clemencia, generosidad.

powers of the soul; because with these three strengths,
understanding, memory, and will, our soul is lifted high
and strives against human weakness to go up and obtain and
gain the true Good for which it was created. But since the
5 understanding, memory, and willpower go out from their cell and
are wasted on corporal and vain things, not strengths,
rather weakness of the soul are what they may be called, because they become dull
and
crude, and the soul greatly weakens because of their absence
10 and neglect. And thus it follows that when retracted of worldly
occupations they become more solicitous and diligent in their proper
spiritual roles. When understanding, memory, and will
are of one accord and willingly give themselves to this meritorious and
good practice, the marvelous Lord does not hold back His holy grace,
15 rather He observes with eyes of paternal love and true charity the necessities
of His exiled children in this valley of misery and tears.
And since He sees the insufficiency and narrow capacity of the
human understanding, which cannot ascend to where the soul reaches,
without any delay He opens the door to His sacred ark and
20 sprinkles from the sovereign fountain of His great mercy marvelous
drops over the earth prepared to receive it, by which
is understood, the disposition of the human creature towards spiritual
blessings. Because even though the Prophet and saint King David says:
"Marvelous is God in His saints, etc." And well it seems that he
25 was and is one of the saints, because by that which he himself felt
of the divine magnificence, he wonders at how marvelous God
is to His saints. But nevertheless, if we sinners want to speak
according to what we ourselves feel about the magnificence
of the blessings of God, we may well say: "Wonderful is
30 God in His sinners," because even though we are sinners,
we are His; because if by being sinners we would be cast away from being
His, the sovereign Truth will not have said: "There will be greater joy
in heaven upon one sinner doing penance." If we want
to know how wonderful God is in His sinners,
35 let us consider with how much patience He supports us, with what
solicitude He keeps us, with how much suffering He awaits us, with
what charity He corrects us, with all mercy He consoles us,

Admiración de las obras de Dios

suela, con cuánto benignidad nos visita, con cuánta liberalidad nos
provee, con cuánta familiaridad nos enseña. Pues maravilloso
es Dios en los santos suyos, porque Él mismo da virtud y fortaleza; y maravilloso es Dios en los pecadores suyos, porque da
5   misericordia y gracia. Y misericordia y gracia da Dios al pecador cuando le flagela y corrige en la vida presente, porque éste
es tiempo de misericordia y de gracia, y el que esperamos es tiempo
de juicio y de justicia. Pues ¿Quién en el tiempo de la misericordia
usa de justicia, poniendo señales que en el tiempo de justicia
10 usará de misericordia salvando. ¿Y quién mostrará al linaje
de los pecadores huir de la ira adviniera, conviene a saber, del
rigor del juicio postrimero, sino la misericordia y gracia de
Dios? Y la misericordia nos va haciendo dignos de ser prevenidos
y corregidos en esta vida presente, y la gracia en alumbrando
15 nuestros entendimientos, que la conozcamos y reconozcamos y nos
convirtamos a Dios, porque benigno y misericordioso es, etc.
Y los trabajos, aflicciones, plagas, que Dios quiere ejecutar en los
pecadores, aunque parece que fuera rigor de la justicia, pero interiormente da voces de misericordia y caridad. Y como con lengua
20 humana nos amonesta, diciendo: "Convertid vos a Dios con todo
vuestro corazón, etc." Y pues, maravilloso es Dios en los sanos
suyos, porque Él da virtud y fortaleza; y maravilloso es Dios en los
pecadores suyos, porque Él da misericordia y gracia para sostener y
sufrir y los nuestros males para reconocer sus grandes
25 bienes. Y aún para saberlo y loarlo y recontar a las gentes, quien
a devoto deseo y sed aquejada de aprender y saber saludable
ciencia, venga a la escuela de Dios de las paciencias y reci-
birá al Señor, Pan de Vida y de entendimiento, y agua de sabiduría saludable le dará a beber y cogerá agua en gozo de las fuen-
30 tes del Salvador. Y dirán en aquel día: "Confesad al Señor
e invocad su santo Nombre, quod est et beneditum in saecula
saeculorum. Amen."

Doy gracias por siempre jamás.

with what graciousness He visits us, with what generosity He provides
for us, with what familiarity He teaches us. So marvelous
is God towards the saints, for He Himself gives us virtue and fortitude;
and how marvelous God is towards sinners, for He shows
5 compassion and grace. And God shows compassion and grace to the sinner
when He scourges and corrects him in the present life, for this
is the time of mercy and grace, and that which we await is the time
of judgment and of justice. For He who employs justice in the time of
mercy, showing that in the time of justice He will employ mercy
10 and save us. And what would show the succession
of sinners how to flee from the coming fury, that is, from
the severity of final judgment, if not the mercy and grace of
God? Mercy, for making us worthy to being warned
and corrected in this present life, and grace, for
15 enlightening our understanding, that we may know and recognize it and
give ourselves over to God, for He is benign and compassionate, etc.
And the labors, afflictions and plagues that God wishes to carry out
on sinners, even though from without seem to be severity of justice,
from within speak of mercy and charity. And as with human
20 tongues He admonishes us, saying: "Give yourself over to God with
all of your heart, etc." And so, marvelous is God towards the saints,
for He gives us virtue and fortitude; and marvelous is God towards
sinners, for He gives us compassion and grace to endure and
suffer, and our misfortunes so that we recognize His great
25 goodness. And to know and praise it and declare it to the people, whoever,
with devout desire and suffering thirst to learn and to know this healthy
science, may come to God's school of patience, will
receive the Lord, Bread of life and of understanding, and of the water
of healthy wisdom will drink and will gather the water, in joy, from the
30 fountains of Savior. And they shall say on that day: "Confess
to Lord and to invoke His holy Name, quod est et benedium in saecula
saeculorum. Amen."

I give thanks forever and ever.

Bibliografía

Corominas, Joan. *Diccionario crítico etimológico castellano e hispánico*. Madrid: Gredos, 1983.

Georgeos. "Atlantis Entre Iberia y Africa: El Enigma de Gibraltar. Introducción a La Atlantología Científica." *Celtiberia.Net*. 26 Feb. 2002. 25 Apr. 2007. <http://celtiberia.net/articulo.asp?id=265>.

Harpercollins Spanish Unabridged Dictionary. 7th ed. Collins, 2003.

Kellogg, Michael. "Online French, Italian, and Spanish Dictionary." *WordReference.Com*. 1999. 25 Apr. 2007. <http://www.wordreference.com>.

Oxford Spanish Dictionary. 3rd ed. Oxford University Press, 2005.

Real Academic Española. Apr. 2005. Asociación de Academias de la Lengua Española. 25 Apr. 2007. <http://buscon.rae.es/draeI/>.

Thesarus. 2006. Thesarus.com. 25 Apr. 2007. <http://www.thesarus.com>.

Biografía de los colaboradores

Comenzando desde la izquierda, fila de atrás:

Nombre: Tanya Marie Montoya
Segundo año de estudio en la Universidad de Purdue
Carrera: Administración, Lengua y literatura española
Origen: Crown Point, Indiana
Contribución: Traducción al inglés

Nombre: Johanna Barrero
Carrera: BA, Ciencias Políticas y Relaciones Internacionales, 2006
Estudiante Graduada del departamento de Lengua extranjera y Literatura
Universidad de Purdue
Origen: Colombia
Contribución: Transcripción al español moderno, introducción, redacción de las
traducciones

Nombre: TJ Remec
Segundo año de estudio en la Universidad de Purdue
Carrera: Lengua y literatura española, Estudios cinematográficos
Origen: St. John, Indiana
Contribución: Traducción al inglés

Nombre: Angela Mae Hagerman
Tercer año de estudio en la Universidad de Purdue
Carrera: Lengua y literatura española
Origen: Fairland, Indiana
Contribución: Traducción al inglés, corrección final, secretaria, fotografía

Nombre: Pedro Alejandro Ajsivinac
Tercer año de estudio en la Universidad de Purdue
Carrera: Lengua y literatura española, Microbiología
Universidad de Purdue
Origen: Guatemala
Contribución: Traducción al inglés, corrección final

Nombre: Jessica L. Espinoza
Tercer año de estudio en la Universidad de Purdue
Carrera: Educación del Español
Origen: Lafayette, Indiana
Contribución: Traducción al inglés

Nombre: Andrew Brennan Preston
Cuarto año de estudio en la Universidad de Purdue
Carrera: Lengua y literatura española
Origen: New Albany, Indiana
Contribución: Traducción al inglés, corrección final

Nombre: Melvin Cass II
Tercer año de estudio en la Universidad de Purdue
Carrera: Lengua y literatura española, Lengua y literatura japonesa, Estudios asiáticos
Origen: Chicago, Illinois
Contribución: Traducción al inglés, editor de la traducción en ingles, coordinador

Nombre: Andrés Francisco Salinas
Carrera: BA, Lengua y literatura española, 2007; BA, Comunicación, 2007
Universidad de Purdue
Origen: Quito, Ecuador
Contribución: Traducción al inglés, corrección final

Nombre: Alissa Laine Rosario
Tercer año de estudio en la Universidad de Purdue
Carrera: Administración, Lengua y literatura española
Origen: Hammond, Indiana
Contribución: Traducción al inglés, corrección final, tesorera

Nombre: Christina Lynn Jones
Cuarto año de estudio en la Universidad de Purdue
Carrera: Comunicación (Relaciones públicas y Apoyo Retórico)
Origen: Otterbein, Indiana
Contribución: Traducción al inglés, agradecimientos, introducción, corrección final, diseño

Nombre: Peter Dy-Liacco
Estudiante Graduado del departamento de Lengua extranjera y Literatura
Universidad de Purdue
Origen: Cleveland, Ohio
Contribución: Redacción de las traducciones

Nombre: Yonsoo Kim, Ph.D.
Universidad de Purdue
Carrera: Profesora de Literatura medieval y renacentista
Contribución: Coordinación en genereral y publicación de la edición EBook

Made in the USA
Middletown, DE
02 May 2020

92991454R00044